I0001301

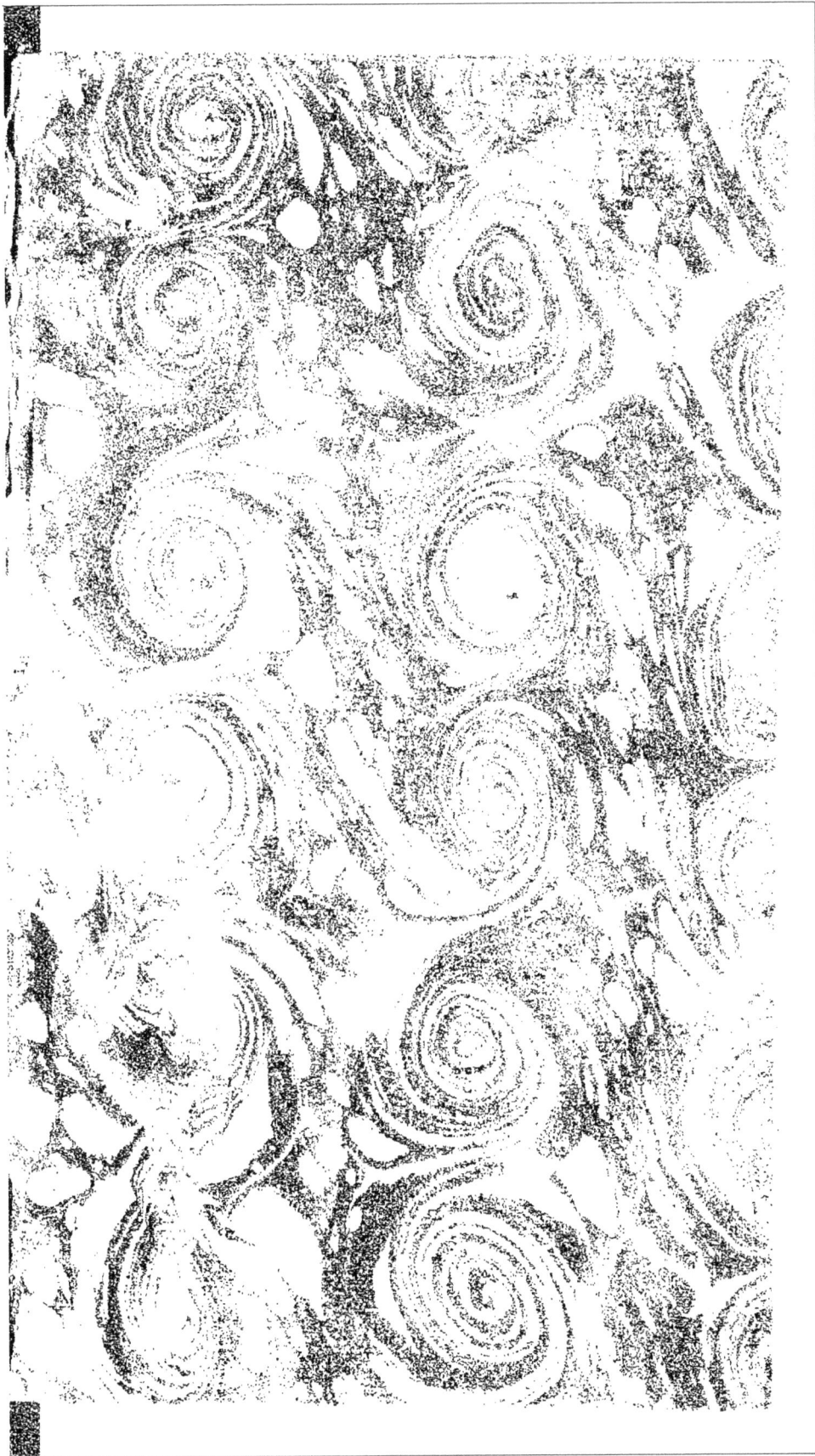

N. 93   I K¹² 108

N. 821.
K. a

BILAN

GÉNÉRAL ET RAISONNÉ

DE L'ANGLETERRE,

Depuis 1600 jufqu'à la fin de 1761 ;

O U

LETTRE

A M. L. C. D.

Sur le produit des Terres & du Commerce
de L'ANGLETERRE.

Par M. V. D. M.

RⁱⁱⁱN°. 1696.

M. DCC. LXII.

MAJORES *noſtri, cùm bellis aſperrimis premerentur, equis, viris, amiſſâ pecuniâ, numquam defeſſi ſunt armati de imperio certare. Non vis hoſtium, non inopia æra- rii, non adverſa res, ingentem eorum ani- mum ſubegit : quin quæ virtute ceperant, ſimul cum anima retinerent ; atque ea magis* FORTIBUS CONSILIS, QUAM BONIS PRŒLIIS PATRATA SUNT.

Sall. de Rep. ordinandâ.

BILAN

BILAN

Général & raisonné de l'ANGLETERRE,
depuis 1600 jusqu'à la fin de 1761;

OU

LETTRE

Sur le produit des Terres & du Commerce
de l'ANGLETERRE;

M. Je ne doute point que vous ne m'ayiez
déjà pardonné le feu avec lequel je sou-
tins mon opinion dans notre derniere
conversation. Je connois même trop bien
votre façon de penser, pour n'être pas
convaincu que vous me saurez bon gré
de n'avoir pas cédé, & d'entreprendre au-

A

jourd'hui de vous prouver que j'étois fondé. Je vais donc rappeller ce qui fut agité : je marquerai ce dont nous convînmes : je débattrai le reste : je parlerai de chofes dont nous ne parlâmes pas.

Vous nous dîtes, Monfieur, qu'un Anglois, Membre de la Chambre des Communes & grand propriétaire en fonds de terre, vous avoit affûré, qu'en Angleterre, lorfque la taxe fur les terres eft portée en apparence à quatre fols pour livre, elle n'eft réellement, & fur le total, qu'à quatorze deniers pour livre, ce qui réduit le cinquieme apparent à environ un dix-feptieme effectif. Vous ajoutâtes que cet Anglois vous avoit également affûré, que l'Angleterre proprement dite, & non compris l'Écoffe, a plus de trentequatre millions d'acres en produit ; & pour ne point donner dans de petites conteftations inutiles, j'en accordai trentecinq. * Vous calculâtes enfuite ; & fup-

---

* Suivant la loi, une acre d'Angleterre doit contenir 43,560 de nos pieds de roi quarrés. L'acre eft donc d'un dixiéme moindre que l'arpent royal de France, qui contient 48,400 : de ces mêmes pieds.

On prétend que la France actuelle a environ

poſant qu'une acre de terre , l'une dans
l'autre , rapporte aux propriétaires Anglois
vingt-cinq francs par an , vous fîtes voir
que le revenu de ces propriétaires devoit monter à 875 millions par an. Vous
appuyâtes ce calcul par un autre ; & vous
nous montrâtes que les quatorze deniers
pour livre de ces 875 millions faiſoient
à peu près la ſomme de quarante huit
millions à quoi peut monter la taxe ſur
les terres lorſqu'elle eſt réputée à quatre
ſols pour livre. Il eſt vrai que ce dernier
calcul paſſa de quelque choſe cette ſomme
de 48 millions ; mais cela fut attribué au
plus grand nombre d'acres que j'avois eu
la facilité d'accorder ; & vous n'en pa-
rûtes que mieux fondé. Cette baſe poſée ,
vous obſervâtes qu'en France les propriétaires en fonds de terre ne tirent tout
au plus de leur propriété qu'un revenu
d'environ cinq-cent millions , & que par
conſéquent il ne nous étoit pas poſſible
de nous meſurer avec l'Angleterre , dont
les propriétaires , n'ayant qu'un territoire

---

160 millions d'arpens royaux , & que l'Angleterre
n'eſt qu'environ les deux ſeptièmes de la France.
Sur ce pied l'Angleterre ne doit contenir en tout
qu'environ 50 millions d'acres.

environ lés deux feptiemes du nôtre, ont
néanmoins un revenu d'environ les trois
quarts en fus de celui qui fe tire de toute l'étendue de notre fol. Vous fîtes
pareillement remarquer, qu'à ce revenu,
déjà fi fort par lui-même, il falloit ajouter celui des propriétaires de l'Écoffe, de
l'Irlande, & des colonies. Vous joignî-
tes qu'il falloit auffi avoir égard à la force
& à l'activité que tous ces différens revenus reçoivent par la vive circulation du
commerce dont jouiffent toutes les différentes parties de la monarchie Britannique.
Vous n'oubliâtes pas de faire mention des
grandes richeffes que ce commerce donnoit par lui-même. Vous fîtes voir, que
pour juger du crédit & de la puiffance
de l'Angleterre, il ne falloit pas s'amu-
fer à fuivre la hauffe ou la baiffe de fes
fonds publics ; * mais qu'il falloit confi-

---

* Le deux Février 1762, une ancienne créance
fur l'Etat de cent livres fterling de capital à trois
pour cent, fe vendoit fur la Bourfe de Londres
foixante-deux livres fterling ; & une créance de
1760 d'un même capital à quatre pour cent fe
vendoit foixante-quatorze livres fterling.
En calculant d'après le premier de ces effets, le
crédit de la nation étoit le 2 de Février 1762 à

derer, qu'elle paye ponctuellement l'intérêt des sommes qu'elle a empruntées ;
qu'elle a un fonds considérable d'amortissement ; que la force de son revenu la
met en état d'emprunter de nouvelles
sommes & de continuer à payer régulie-
rement l'intérêt du total, en conservant
toujours la meilleure partie de son fonds
d'amortissement ; & que ce n'étoit que
par cela qu'il falloit la juger. Enfin, vous
conclûtes avec douleur par quelque chose
de bien dur & de bien triste, en disant

quatre pour cent cinq sixiemes, c'est-à-dire,
qu'on ne vouloit lui confier ses fonds qu'à quatre
pour cent cinq sixiemes d'intérêt.

Mais en calculant d'après le prix du dernier
de ces effets, le crédit de la nation n'est plus qu'à
environ cinq pour cent & deux cinquiemes.

Cette différence vient de ce qu'une ancienne
créance à bas intérêt se vend toujours en proportion de l'intérêt à un plus haut prix qu'une nouvelle créance à un intérêt plus fort, tant parce
qu'on craint la réduction de l'intérêt sur la derniere, & qu'on ne la craint pas sur la premiere,
que parce que les nouvelles créances n'étant
pas encore entre les mains des propriétaires
qui s'en font un capital fixe & permanent, elles
sont portées sur la Bourse plus fréquemment &
plus abondamment, & y forment la plus grande
partie de ce qu'on appelle *Agio*.

A iij

qu'il falloit néceffairement fubir le joug, ou être écrafé & anéanti fous le poids des richeffes & de la puiffance de l'Angleterre.

Je fremis, & je répondis, que nos malheurs venoient principalement de ce que les uns exageroient fans ceffe les forces des Anglois; de ce que les autres fe faifoient comme un point d'honneur, peut-être un point politique de les ravaler mal-à-propos; & de ce que ni les uns ni les autres ne cherchoient les vrais moyens de les abattre. Que ces moyens devoient cependant exifter, puifque la nature, ordonnatrice de tout, avoit vifiblement deftiné ce peuple pour être inférieur à notre nation; & qu'ils feroient bien-tôt trouvés, fi l'on étoit mieux inftruit, ou qu'on ne donnât pas dans une efpéce d'efprit de parti, & fouvent de jaloufie, qui aveugle toujours, même les plus habiles. Enfuite je dis:

1°. Que d'après une longue étude particuliere de l'Angleterre, j'étois certain, que lorfque la taxe fur les terres eft réputée à quatre fols pour livre, l'effectif va toujours au moins à deux fols fur le total; & que lorfqu'elle eft réputée à deux fols pour livre, l'effectif va toujours au moins

à un fol.—Que par conféquent il y avoit
entre votre Anglois & moi une différence
de cinq douziemes, ou de près de la moitié ; mais que je ne demandois pas d'en
être crû fur ma parole, & que j'étois en
état de rapporter des preuves de ce que
j'avançois.

2°. Que dans la reproduction annuelle
du territoire d'une nation quelconque,
il y a trois chofes principales à diftinguer.
—La premiere eft la reproduction totale.
—La feconde eft le revenu territorial,
qui confifte en tout ce que la terre reproduit outre & par-deffus les fraix, avances,
& juftes profits de ceux qui la travaillent
& l'exploitent ; lefquels fraix, &c. étant,
conjointement avec la terre, la feule &
unique fource d'une reproduction abon-
dante, doivent être entierement intacts, &
ne fauroient faire partie du revenu territorial, attendu qu'on n'en peut difpofer
à fon gré fans porter coup à la reproduction totale, & conféquemment au revenu
territorial.—La troifieme chofe à diftinguer eft le revenu particulier des propriétaires en fonds de terre, lequel ne peut
nulle part être le même que le revenu territorial, parce qu'il y a par tout des charges publiques qui doivent être prélevées

fur ce dernier revenu , avant que les propriétaires puiſſent compter le leur. — Il
parut d'abord que vous ne vous étiez pas
attendu à ces deux dernieres diſtinctions ;
mais vous ne pûtes pas vous y refuſer , &
vous accordâtes tout l'article.

3°. Que les charges publiques peuvent
être de différentes eſpeces. — Que par
exemple les dixmes payées aux Eccléſiaſ-
tiques ſont une eſpece de charge publique , dont le montant fait toujours partie du revenu territorial , ſans faire partie
du revenu particulier des propriétaires en
fonds de terre. — Vous convîntes de cela.

4°. Que les charges publiques , qu'on
nomme plus particulierement les dépenſes de l'État, peuvent ſe lever — En premier lieu , par une taxe territoriale miſe
directement ſur les propriétaires. — En ſecond lieu par une taxe miſe ſur les habitans des villes. — En troiſieme lieu , par
une ou pluſieurs taxes miſes directement
& d'une maniere fixe ſur ceux qui exploitent les terres , ce qui n'eſt pas abſolu-
ment mauvais , mais eſt cependant ſujet à
de plus grandes dépenſes pour la levée ,
& à d'autres inconvéniens qui tendent tous
à diminuer le revenu des propriétaires &
celui de la nation. — En quatrieme lieu ,

par une ou plufieurs taxes, mifes directement, & d'une maniere arbitraire, fur
ceux qui exploitent les terres ; mais que
cette maniere de lever les dépenfes de
l'Etat, en tout ou en partie, eft abfolument ruineufe & deftructive ; parce qu'a-
lors ceux qui exploitent les terres ne favent plus fur quel pied ils font vis -
à-vis des propriétaires & vis - à - vis de
l'Etat, & font fans ceffe expofés à perdre partie de leurs fraix, avances, & juftes profits, dont ils ne fauroient rien perdre qu'il n'en réfulte une grande diminution dans la reproduction totale, dans le
revenu territorial de la nation, & dans le
revenu particulier des propriétaires : diminution, qui peut aller jufqu'à une entiere dévaftation capable de bouleverfer
& de renverfer la nation, comme il arriva dans les Gaules fous l'Empire Romain au tems des Bagaudes, & au tems de
la conquête des Goths, des Bourguignons,
& des Francs. * — En cinquieme lieu, par

---

* Salvien, Prêtre de Marfeille, qui vivoit à la
fin du quatriéme fiécle, nous a laiffé un fameux ouvrage, intitulé : *de Gubernatione Dei*, dans lequel
il a fcienment & pathétiquement marqué les
caufes de la deftruction de l'Empire Romain dans

des impôts mis fur les objets de confommation; mais que tout ce qu'on peut dire

---

les Gaules. C'eft dans cet ouvrage, *Liv. V. p. 155.*
qu'on trouve ce qui fuit, & qui fe pratiquoit
parmi les Romains-Gaulois.

  » C'eft peu pour un Romain d'être heureux,
» s'il ne rend fon concitoyen malheureux. Qu'y
» a-t-il de plus commun que de voir des Romains
» s'entreprofcrire par des exactions énormes, &
» avec une inhumanité qui leur paroît naturelle,
» & que les barbares ignorent ? . . . Ce qu'il y a de
» plus affreux, c'eft que le grand nombre eft
» profcrit par un très-petit nombre compofé de
» gens pour qui la perception des deniers pu-
» blics eft un vrai brigandage, pour qui les dettes
» publiques font une occafion de gain. Encore, fi
» ce n'étoit que les Chefs, que les Magiftrats qui
» fuffent coupables de pareils excès; mais ce font
» tous leurs fubordonnés, tous leurs valets. Dans
» quelles villes, dans quels bourgs n'y a-t-il pas
» autant de tyrans qu'il y a de Decurions ou de
» Collecteurs ? En quel lieu ne dévore-t'on pas
» les entrailles des veuves, des orphelins, & de
» tous ceux qui ne font pas en état de fe défen-
» dre? Tous font en proye à la violence, à moins
» qu'ils ne foient eux-mêmes des brigands. . . .
» A confidérer ce qu'on éxige des foibles, on
» croiroit qu'ils font dans l'opulence ; fi l'on
» éxamine ce qu'ils poffédent, on les trouve ré-
» duits à la mendicité. . . . Voici comment cela

de moins mauvais par rapport à cette manière de lever les dépenses publiques , en

---

» se fait. Le Gouvernement envoye fréquem-
» ment des Commissaires pour lever des taxes ;
» & tout leur mérite est de les lever en entier ,
» n'importe sur qui : les pauvres sont pillés , les
» veuves gémissent , les orphelins sont dépouil-
» lés. On est forcé de passer chez les ennemis
» pour n'être pas écrasé dans sa patrie. On cher-
» che chez les barbares l'humanité Romaine ,
» parce qu'on ne peut plus supporter l'inhuma-
» nité barbare de ses concitoyens... On n'a pas
» lieu de se repentir d'avoir passé chez les Goths ,
» parmi les Bagaudes , & chez les autres barba-
» res. On aime mieux être libre avec une appa-
» rence de servitude , que d'être esclave avec
» une apparence de liberté. La qualité de ci-
» toyen Romain, autrefois si précieuse & ache-
» tée si cherement , est rejettée aujourd'hui ,
» & est en quelque sorte en abomination.....
» Tel est l'état d'une grande partie de l'Espa-
» gne & des Gaules. Je parle des Bagaudes ,
» de ces infortunés , dépouillés par des Magis-
» trats iniques & sanguinaires... Nous leur don-
» nons, comme un reproche , le nom de Bagaude
» qui n'est que le fruit de leurs calamités. Nous
» les appelons rebelles ; & nous les avons forcés à
» l'être. Ils sont Bagaudes, parce qu'ils ne pouvoient
» plus être Romains. Spoliés de tout par l'énor-
» mité des impôts, & par les concussions des pré-

tout ou en partie, c'eft qu'elle eft toujours très difpendieufe ; qu'elle augmente
confidérablement le fardeau par les fur-
additions qu'effuye chaque partie de ces
impôts en paffant de main en main avant
d'arriver à la caiffe publique ; & que lorfque ces impôts portent fur des objets de
confommation journaliere, ils font fujets
aux mêmes conféquences que les taxes
arbitraires fur ceux qui exploitent : ils
agiffent feulement d'une maniere plus
fourde, & avec plus de lenteur. — Vous
accordâtes auffi tout cet article, pas tant
comme étant pleinement convaincu de
tout ce qu'il renferme, que pour diminuer
les objets à contefter.

5°. Je dis, que l'acre d'Angleterre étant

» pofés, ils n'ont pû fe fouftraire à la mort qu'en
» ceffant d'être Romains, en devenant Barba-
» res ; & ceux qui n'ont pas pris ce parti, con-
» traints de s'en repentir, font la proye des Ma-
» giftrats & la victime de leur concitoyens «.

Le Prêtre Salvien décrivoit ce qu'il avoit vû ;
& dès l'an 286, Maximien Hercule avoit été
obligé de faire maffacrer auprès de Paris, au lieu
maintenant appellé les Foffés St. Maur, une
multitude de Bagaudes affamés, que l'Auteur
de la Vie de Sainte Bapolene n'héfite point de
qualifier de Martyrs.

d'un dixieme moins forte que notre ar=
pent royal , vous en portiez trop haut le
produit commun & territorial en le mettant à vingt-cinq francs , les avances ,
fraix , & juftes profits de l'exploitation
prélevés , & la dixme auffi prélevée. —
Qu'à la vérité l'agriculture eft en bon état
en Angleterre , & que les denrées y ont
du débit & de la valeur ; mais qu'en général le fol n'y vaut pas le nôtre , & exige
en plufieurs endroits de gros fraix de culture , & de groffes avances. — Que d'ailleurs parmi les trente-cinq millions d'a-
cres en produit , il y en a plufieurs millions qui font d'un très petit rapport. —
Qu'en conféquence de tout cela , on ne
fauroit porter le produit commun & territorial d'une acre à plus de vingt - deux
francs par an , la dixme prélevée , ainfi
que tous les fraix , avances , & juftes profits des fermiers , & de toute exploitation quelconque ; & qu'alors le revenu
territorial de l'Angleterre que vous aviez
mis à 875 millions fe trouvoit réduit à 770
millions , qui joints à environ 40 millions
pour la dixme , ne font en tout que 810
millions de revènu territorial. — Après
quelques objections de votre part , vous
paffâtes encore cet article , & même vous

avouâtes que vous aviez pû donner dans
quelque petite erreur, en ne faisant pas
comme moi la distinction du revenu territorial de la nation, d'avec le revenu
particulier des propriétaires en fonds de
terre.

6°. Je dis que je convenois que le revenu particulier de nos propriétaires en
fonds de terre ne va qu'à environ 500
millions; & que j'en convenois d'autant
plus franchement, qu'aucun des calculs
que j'avois vûs en dernier lieu, n'ofoit le
porter plus haut. — Que j'obferverois
même que fur ces 500 millions, s'ils y
font, nos propriétaires font actuellement
chargés de payer environ quarante-cinq
millions de taxe territoriale fous le nom
des trois vingtiemes. *— Que cependant il
falloit confiderer, qu'outre cette taxe territoriale, payée directement par les propriétaires, il y en a une autre payée directement
par ceux qui exploitent les terres, laquelle monte à environ 90 millions.—Que nous
avons auffi de gros impôts fur des objets
d'une confommation journaliere, particulierement fur les boiffons, le fel, les cuirs,

---

* Les trois vingtiemes donnent plus de 60 millions; mais alors ils comprennent ce qui fe leve
fur les maifons dont il n'eft pas ici queftion.

le fer , le tabac , &c. & que la part de ces
impôts supportée par ceux qui font employés d'une maniere quelconque à l'exploitation des terres , ne sauroit être
moindre de 100 millions , attendu toutes
les différentes sur-additions qui se joi-
gnent naturellement & nécessairement à
des impôts de cette nature : que si malgré la multitude de ceux qui font employés à l'exploitation de nos terres , je
ne portois pas cette somme plus haut , ce
n'étoit que parce que la plûpart d'entre
eux n'ont pas les moyens de consom-
mer. — Qu'il falloit pareillement confiderer que les pots de vin pris par les propriétaires & par les intendans ou rece-
veurs des terres en diminution du prix des
baux , & les profits faits sur les grands
propriétaires par ceux qui prennent leurs
terres à bail général , ne peuvent aller à
moins de 40 millions par an. * — Qu'il

---

* Il faut observer qu'en France la somme annuelle & totale des pots de vin doit être exceffivement forte , tant par la courte durée des baux ,
que par la maniere de lever l'impôt territorial ,
par les loix pour le contrôle des actes , par celles
qui permettent en certains cas la renonciation au
bail par les propriétaires , & enfin par l'usage

falloit encore faire attention à la dixme ;
qui chez nous peut monter à 35 millions. — Que quoique toutes ces fommes
ne faffent pas partie du revenu particulier des propriétaires , elles n'en appartien-
nent pas moins au revenu territorial de la
nation. — Que par conféquent ces fommes
étant jointes aux 500 millions que vous
aviez donnés pour le revenu des propriétaires , elles font monter notre revenu territorial à environ 810 millions. — Que cela
étant , les Anglois doivent être à peu près
de niveau avec nous par rapport au numeraire du revenu territorial des deux nations. — Que j'avouois cependant que cette
égalité devoit frapper nos efprits , vû que
les Anglois l'ont obtenue avec un territoire qui par fon étendue , n'eft qu'environ les deux feptiemes du nôtre , & qui
pour la fituation , pour le fol , & pour la
qualité & la variété des denrées , ne vaut
pas le nôtre à beaucoup près : que j'a-
vouois même avec franchife , que cette
égalité devoit être d'autant plus frapante ,
que les Anglois , proprement dits , n'étant

en

établi de cette renonciation parmi les Eccléfiaftiques nouvellement pourvus de bénéfices en
fonds de terre.

en nombre qu'à peu près la moitié de ce que nous fommes, & ayant en revenu territorial une valeur numéraire égale à la valeur du nôtre, il fuivoit certainement delà, que chaque Anglois, l'un dans l'autre, avoit le double à dépenfer de ce qu'avoit chaque François l'un dans l'autre.

7°. Que quant à la fupériorité que l'Angleterre peut obtenir par le revenu des propriétaites de l'Écoffe, de l'Irlande & des colonies, par l'activité & le produit de fon propre commerce, & par l'activité & le produit du commerce particulier de toutes les différentes parties de fa Monarchie ; que quand à cette fupériorité, je pouvois prouver inconteftablement, que ce n'étoit qu'un phantôme, enfanté & produit dans le monde par des idées erronées fur l'effence du commerce ; & que lorfqu'on avoit dit à quoi pouvoit monter le revenu territorial des Anglois, le produit de leur commerce s'y trouvoit englobé, & l'on avoit tout dit.

8°. Que quelle que foit la fupériorité actuelle des Anglois, & en la portant au plus haut point où l'imagination peut la porter ; comme la caufe de notre préfente infériorité ne fauroit être naturelle, qu'elle ne peut qu'être accidentelle, il n'y a

B

qu'à la chercher, la trouver, la faire cesser ;
& dès-lors l'Angleterre reviendra d'elle-
même au rang inférieur où elle doit-être,
& la France marchera à grands pas & visi-
blement vers sa supériorité naturelle.

Voilà, Monsieur, les chefs dont nous
convînmes : voilà aussi ceux dont nous
ne convînmes pas, & que je veux tâcher
d'établir plus solidement que je ne fis dans
notre conversation, où je fus pris à l'im-
prévû, où je n'avois personne pour me
seconder, & où nous n'eumes pas le tems
de rien approfondir, ni de rien décider
de ce qui resta en contestation.

Je ne disconviens point que votre Anglois ne puisse avoir eu raison par rapport
à ses propres terres. Des cas particuliers
peuvent faire que la taxe sur les terres
étant réputée à quatre sols pour livre, il
ne paye pour les siennes que quatorze deniers pour livre. Il se peut même qu'il ne
soit pas le seul qui jouisse du même avantage. Mais il n'en a pas moins eu tort de
juger du sort de tous par le sien, & par celui d'un petit nombre d'autres ; & quoi
qu'il en soit, ce qu'il vous a avancé va
être détruit par ce que ses compatriotes
ont sciemment & publiquement dit &
écrit.

L'Auteur qui a donné l'histoire des dettes nationales de l'Angleterre, dit dans sa
seconde partie , pag. 38 , que lorsque la
taxe sur les terres fut reglée par les commissaires nommés à cet effet, il y eut peu
de terres qui fussent taxées à leur véritable
valeur , & qu'un grand nombre le furent à
moins de moitié. Il ajoute tout de suite,
que *si la taxe avoit été justement imposée ,
elle auroit probablement produit le double :*
d'où il faut conclure que cet Auteur a entendu que la taxe réelle étoit l'un dans
l'autre la moitié de la taxe apparente ; &
c'est précisément ce que je soutiens.

Sir Mathieu Decker , qui a écrit en
1740 son essai sur les causes de la décadence
du commerce extérieur des Anglois, y dit
page 7 , que *quelques propriétaires payent
en entier la taxe de quatre sols pour livre ,
tandis que plusieurs ne payent pas au-dessus
de la moitié.* Cette autorité est encore plus
forte en ma faveur que ne l'est la premiere.

M. André Hooke , qui au commencement de 1751 a donné son essai sur la dette
publique & sur le capital de la nation Angloise , y dit page 15 , *que c'est une chose
très connue, que lorsque la taxe sur les terres
est à quatre sols pour livres , elle rapporte*

environ quarante-huit millions ; & qu'il est également connu, qu'en général les terres du Royaume ne font pas taxées au-dessus de la moitié de ce qu'elles devroient être ; mais il ne dit pas au-dessous de cette moitié.

Mylord Bolingbroke connoissoit certainement mieux sa patrie que l'Anglois, quel qu'il soit, qui vous a parlé. Or ce grand homme d'Etat, dans ses reflexions politiques fur la fituation de l'Angleterre, écrites en 1749, employe toutes ses connoissances, toute sa logique, & toute son éloquence pour engager ses compatriotes, propriétaires en fonds de terre, à continuer pendant la paix de payer la taxe fur les terres au taux apparent de quatre fols pour livre, afin de pouvoir au plûtôt liberer l'Etat, & le délivrer des impôts rongeans & deftructifs mis fur des objets de confommation. Mais en même-tems il ne regardé jamais cette taxe comme légere, ainfi qu'elle le feroit, fi elle n'étoit qu'au prétendu dix-feptiéme de votre Anglois. Au contraire il la repréfente toujours comme un fardeau dont il faut fe charger pour fe défaire d'autres qui font accablans. Il n'a donc pas pû l'eftimer à moins d'un dixiéme réel. C'eft même faire grace que de penfer qu'il ne l'a pas évalue plus haut.

Appuyé de ces quatre différentes autorités, je me crois difpenfé d'en chercher d'autres ; elles doivent fans doute fuffire pour
faire rejetter ce que votre Anglois a avancé, & pour faire adopter le fentiment que
j'ai foutenu. Je ne poufferai donc pas plus
loin cet article, & je vais maintenant m'attacher à prouver , que les propriétaires
Anglois ne tirent pas actuellement douze
francs de l'acre , l'une portant l'autre ; fans
cependant prétendre que la nation ceffe
d'en retirer vingt-deux francs , outre &
par-deffus la dixme , outre & par-deffus
les frais , avances & juftes profits de ceux
qui exploitent les terres.

Depuis le célébre Locke , qui le premier de tous a travaillé à ouvrir les yeux
des hommes , tant fur le hauffement &
le baiffement du prix de l'intérêt , que fur
le hauffement & le baiffement des monnoyes , & fur la nature des impôts , & qui
par fes écrits fimples , mais judicieux , fut
caufe qu'on établit en Angleterre la taxe
fur les terres ; depuis ce grand Métaphyfi-
cien légiflateur, c'eft un principe reconnu
& adopté de tous ceux qui y refléchiffent
en citoyens éclairés , que le poids de tout
impôt fur la confommation vient enfin
tomber & s'appéfantir avec force fur les

propriétaires du fol. Quant à vous , Mon⹀
fieur , vous m'avez toujours paru con⹀
vaincu de la folidité de ce principe ; &
je vous promets de l'établir ci-après d'une
maniere inconteftable , & par des faits qui
concernent l'Angleterre même : mais il
il n'en eft pas encore tems. En attendant
j'obferverai que jufqu'en 1688 les terres
de l'Angleterre ont eu à cet égard toute
la valeur qu'elles pouvoient avoir pour
les propriétaires. Le revenu public &
royal alloit à peine à cinquante millions
par an , & ne portoit que fur des objets
qui ne touchoient les Fermiers des terres,
ni directement ni indirectement. En mê⹀
me-tems la nation ne devoit pas en tout
fept millions , & cette dette n'étoit mê⹀
me qu'un emprunt de la part du trône
feul : la nation n'en étoit pas encore char⹀
gée en regle , & ne l'a été que long-
tems après. D'un autre côté les Fermiers
ne payant déjà ni taille ni capitation,
n'étoient pas plus affujettis à des corvées
qu'ils le font aujourd'hui : par conféquent
leurs attelages n'étoient jamais employés
forcément aux travaux publics ; il n'y
avoit ni amendes , ni garnifons , ni em⹀
prifonnemens pour eux, faute de s'y trou⹀
ver ; & il n'y avoit rien qui pût les dé⹀

tourner de leurs travaux ruſtiques. Faites
auſſi attention , s'il vous plaît , qu'ils a-
voient , de même qu'aujourd'hui , liberté
entiere de faire valoir leurs terres au plus
haut point. On voit dans Camden & dans
Sir Walter Raleigh , auteurs fameux ,
contemporains de la Reine Elizabeth ,
que dès l'an 1562 cette grande Princeſſe
ayant pénétré la cauſe des monopoles
odieux , des chertés & des famines fac-
tices , qui appauvriſſoient & dévoroient la
nation , avoit ſagement levé l'ancienne
défenſe de l'exportation des grains , &
avoit laiſſé à cet égard une entiere liberté,
laquelle , ainſi que le remarquent les deux
auteurs ci-deſſus , avoit auſſi - tôt excité
au labourage & diminué l'importation.
Or ſuivant le même Sir Walter Raleigh ,
il y avoit eu des années antérieures à
cette époque, où l'importation des grains
avoit paſſé quarante-cinq millions de notre préſente monnoye , ce qui , à la vérité , paroît bien fort ; mais il le dit poſi-
tivement dans ſes obſervations ſur le commerce , préſentées à Jacques Premier , &
il étoit homme très-inſtruit ; d'ailleurs les
grains étoient alors à un très-haut prix dans
toute l'Europe. Quant aux monopoles ,
aux grandes chertés, aux famines qui peu-

vent enrichir des compagnies de monopoleurs ; mais qui en affamant les peuples , & quelquefois en les excitant à la
fédition , peuvent renverfer les Miniftres
& même les Trônes , il n'y en a pas eu en
Angleterre depuis cette époque : la liberté de l'exportation & de l'importation en
a ôté la poffibilité , & a de plus mis l'Angleterre en état de faire annuellement des
exportations confidérables de grains. Il
n'y avoit donc au tems de la révolution
de 1688 que quatre chofes qui puffent
empêcher les Fermiers de donner aux
propriétaires le plus haut prix des terres.

1°. La dépopulation arrivée depuis le
regne d'Elizabeth , & qui fuivant la re-
vue générale de 1583 , & fuivant les
calculs faits depuis , n'a pû être moindre que comme de neuf à fept. Mais
cette dépopulation étoit compenfée par
l'augmentation d'un luxe folide , d'un
luxe qui ne s'évapore pas parmi toute une
nation en frivolités quelconques , mais qui
s'y manifefte principalement par une grande confommation des denrées du pays.

2°. La médiocrité naturelle du fol ;
mais cet article eft toujours le même , &
ne fauroit changer que par une révolution dans l'ordre planétaire.

3°. Le peu de connoiffance dans l'art de cultiver la terre ; mais l'ignorance n'en étoit pas moins payée ; & l'acquifition de la connoiffance a dû faire naître la concurrence, laquelle, fi l'on fait abftraction de tout autre incident, a dû naturellement faire tomber le prix des denrées, & foutenir le prix des baux.

4°. La taxe pour les pauvres qui exiftoit déjà, & à laquelle les Fermiers étoient affujettis ; mais alors elle étoit encore peu de chofe : les Fermiers pouvoient s'y être accoutumés peu à peu, & quoi qu'il en foit elle ne pouvoit pas encore faire une différence fenfible.

De tout cela on peut & l'on doit conclure qu'en Angleterre, lors de la révolution de 1688, les baux devoient être très-hauts en faveur des propriétaires ; & qu'on pourroit même les évaluer, pour ce tems-là, fur le pied de vingt-deux francs l'acre, l'une portant l'autre. En effet c'est à peu près le prix que donnent les calculs faits fous le regne de Charles Second, lefquels font en même-tems appuyés par le *Chronicon pretiofum*, qui porte la valeur des grains fous ce regne bien plus haut qu'elle n'eft aujourd'hui. Mais depuis cette révolution les chofes ont gran-

dement changé de face. On a bien augmenté le nombre des acres cultivées : on
a bien tiré , à force de connoissances &
de frais, un meilleur parti de celles qui
l'étoient déjà : on a bien pû placer de cette
manière son argent à un intérêt honnête :
en conséquence le revenu territorial , tel
que je l'ai expliqué , a pû augmenter ;
mais les propriétaires n'en ont pas moins
vû dimiuuer peu à peu le prix de leurs
baux : cela ne pouvoit pas être autrement ;
& voici pourquoi.

Depuis la révolution de 1688 , la nation s'est plongée dans de grandes guerres , & a contracté de grandes dettes, dont
il faut observer que l'Angleterre , proprement dite , est seule responsable. L'E-
cosse , qui lui est réunie depuis 1707 , y
entre pour très-peu de chose , & n'a pas
dequoi répondre. L'Irlande & les colonies ont à part leurs finances & leur administration pécuniaire. Or l'Angleterre
ne voulant pas soutenir seule ce fardeau,
elle a cherché à le diviser, & a fait deux
choses.

1°. Elle a gêné les échanges de l'Irlande & des colonies , & elle s'est instituée
le seul entrepôt légal d'une bonne partie
de leur commerce extérieur, afin de le-

ver fur ce commerce une efpéce de droit
de *tranfit*, autrement, de paffage.

2°. Elle a mis chez elle de gros impôts
fur prefque tous les objets , & principalement fur ceux d'une confommation journaliere , efpérant que par le moyen de fon
propre commerce elle feroit payer partie
de ces impôts à l'Irlande , partie aux colonies , & une autre partie aux nations
avec qui elle commerceroit.

Il n'eft pas encore tems de développer
& de démontrer l'abfurdité & la fauffeté de
cette petite politique vis-à-vis de l'Irlande,
des colonies & des nations étrangeres, &
vis-à-vis de l'Angleterre elle-même. Je
n'ai quant à préfent qu'à en faire voir les
conféquences par rapport au prix des
baux pour les propriétaires.

J'ai dit que l'Angletterre avoit mis chez
elle de très-gros impôts fur prefque tous
les objets , mais principalement fur ceux
d'une confommation journaliere. J'ajouterai que la part qui en eft payée par les
Fermiers , eft elle-même très-forte, & que
pour s'en dédommager ils ont été obligés
de réduire peu à peu le prix des baux :
autrement ils auroient été contraints de
faire banqueroute , d'abandonner leur exploitation , de devenir tout au plus de mi-

misérables métayers, néceffités d'être fri-
pons, ou ce qui auroit été bien pire pour les
propriétaires & pour l'Etat, ils auroient
été forcés de périr. Je le repete, cette
part eſt très-forte : je vais vous en marquer les cauſes.

1°. Quoique ces Fermiers ne ſoient pas
en général dans l'opulence où l'on les
croit communément en France, tous ne
laiſſent pas de vivre dans une aiſance honnête, & de conſommer beaucoup ; ce
qui, vû la maniere actuelle de lever les
revenus, fait le bien de l'Etat, en augmentant l'activité des échanges & le produit des impôts. Si cette claſſe d'hommes conſommoit auſſi peu qu'elle fait
dans d'autres pays, il y auroit un vuide
affreux dans la caiſſe du fiſc. La machine
des Finances Angloiſes en ſeroit démon-
tée. Il faudroit la remonter différemment,
ou tout ſeroit perdu ; & peut-être trouve-
roit-on des difficultés inſurmontables à
lui donner une nouvelle forme.

2°. Les femmes & les filles de ces Fermiers ſont naturellement peu laborieuſes.
Sujettes à une indolence, mere des va-
peurs, elles ont facilement ſuivi l'exemple des villes, & ont toutes adopté un
luxe de fainéantiſe, je veux dire le luxe

journalier du Thé fur lequel il y a de
gros impôts , ainfi que fur le fucre qui
l'accompagne toujours. Autrefois elles ne
connoiffoient que l'ufage de la laine qui
étoit du crû du pays , & dont la confommation formoit la principale richeffe des
campagnes & de la nation : aujourd'hui
elles ont l'ufage difpendieux de la foye
qui eft d'un crû étranger , & qui non-
feulement forme une plus grande dépenfe
pour elles en particulier ; mais en forme
auffi une plus grande pour la nation en
général.

3°. Le climat d'Angleterre donne l'i-
vrognerie nationale , qu'il faut bien diftinguer de l'ivrognerie perfonnelle. Un Anglois qui ne boit que de l'eau , ou de la
petite biere , ne peut pas travailler : fon
corps eft affaiffé fous le poids de fon ame
languiffante : le génie même n'eft pas
affranchi à cet égard de l'influence tyran-
nique du climat. Les fermiers Anglois
boivent donc beaucoup pour pouvoir agir
avec vigueur. Leurs femmes ont auffi
entre elles leurs petites orgyes. En même-
tems les droits fur toutes fortes de boiffons
font exceffivement hauts , excepté fur la
biere , lorfqu'on en a préparé la drèche
chez-foi ; mais pour la préparer il faut

avoir à foi un four qui y foit propre, ce qui pour un particulier feroit une dépenfe plutôt qu'une épargne.

4°. Toute proportion gardée, les trois articles ci-deffus ont influé pour augmenter le prix du falaire & de la main d'œuvre des journaliers & ouvriers employés par les fermiers, d'où leurs fraix pour l'exploitation de leurs fermes, & leur dépenfes pour leur fubfiftance, ont néceffairement augmenté.

La force des impôts fur tous les objets, principalement fur ceux d'une confommation journaliere, n'eft pas la feule chofe qui depuis la révolution de 1688 a dû affeĉter & diminuer le prix des baux : trois autres chofes y ont auffi contribué.

La premiere, c'eft l'accumulation des dettes nationales. Elle a introduit en Angleterre l'amour du portefeuille ; & il en eft arrivé que plufieurs propriétaires en fonds de terre, voulant groffir leur fortune en papier, ont follement négligé de faire les réparations néceffaires fur leurs terres, furtout fur celles qui étoient éloignées de la Capitale. Le prix du bail en a dû baiffer ; & quoiqu'il s'en faille beaucoup que ce foit-là un cas général, le prix commun du total des terres ne laisse pas d'en avoir senti l'effet.

La seconde, c'est qu'autrefois les familles des propiétaires, à l'exception d'un très petit nombre dont les femmes étoient particulierement attachées à la Cour, restoient toute l'année dans leurs terres. Le chef, s'il étoit Membre du Parlement, & que le Parlement fût convoqué, * venoit seul passer à Londres une partie de l'hiver. C'est ce qu'on voit dans la Comédie intitulée THE JOURNEY TO LONDON, *le Voyage à Londres*. Les Comédies morales peignent toujours les mœurs du tems où elles sont écrites. Or les mœurs peintes dans cette Comédie n'éxistent plus en Angleterre. Toutes les familles des grands propriétaires viennent s'établir à Londres pendant l'hiver ; & les femmes après avoir jouï de la Comédie, de l'Opéra Italien, du Bal, des *Ridotto*, des

---

* Ce ne fut qu'à la révolution de 1688, & par l'acte national qui mît la couronne sur la tête du Prince d'Orange, qu'il fut reglé que le Roi assembleroit tous les ans le Parlement. Auparavant il lui étoit libre de ne l'assembler que quand il vouloit.

Oratorio, & de leurs *Drums* *, veulent encore jouir de Vaux-Hall & de Ranelagh, & font enforte de n'aller dans leurs terres que le plus tard qu'il est possible. Ces familles ne dépensant donc plus dans leurs terres qu'une petite partie de leur revenu, elles ne peuvent plus les affermer à un auffi bon prix que lorsqu'elles y dépensoient presque tout ce revenu en un luxe fastueux, mais solide, qui s'étaloit principalement en une grande consommation des denrées du crû du lieu-même. Il n'est donc pas douteux que leurs fermiers, ne pouvant plus profiter de leur luxe, ne leur ayent rabattu une partie du prix des baux. Il faut aussi observer, qu'autrefois le chef d'une famille propriétaire, étant réfident dans fa terre, étoit lui-même fon reçeveur & fon intendant ; mais qu'aujourd'hui la plûpart d'entre eux font obligés par leurs longues absences

d'en

---

* On appelle en Angleterre *Drums*, ces affemblées nombreuses que les Dames font chez elles, & qui ne font au fonds que des cohues brillantes & bruyantes : c'est même de là qu'on les a appellées *Drums*, mot qui dans fon fens naturel fignifie *Tambours*.

d'en avoir un ; & qu'il eſt rare que ces intendans ne cherchent pas à avoir des pots de vin en diminution du prix des baux. En effet, il n'y a guères de petite Ville & de Bourg en Angleterre, ou depuis la révolution de 1688, on ne voie le fretin des hommes de loi s'élever & s'enrichir aux dépens des propriétaires & en adminiſtrant leurs terres. Telle eſt la régle : le luxe ſolide enrichit les familles propriétaires des terres ;\ le luxe frivole les appauvrit, & s'il eſt porté juſqu'à un certain point, il appauvrit, énerve, & détruit tout. Une nation entiere n'eſt plus que comme un amas de corruption : on n'y trouve rien de ſain.

La troiſieme, c'eſt la grande augmentation de la taxe pour les pauvres, à laquelle toutes les familles ſont aſſujetties, excepté comme de raiſon, celles en faveur de qui elle ſe leve. Vû ſa nature, cette taxe eſt devenue immoderée, parce que le nombre des pauvres s'eſt beaucoup augmenté par la longue abſence des propriétaires de ſur leurs terres ; par l'introduction de certaines manufactures dans les villes & dans les campagnes; *

---

* C'eſt là une des cauſes auxquelles Mylord Hale attribue l'augmentation du nombre des

C

par la négligence à faire executer les loix de police générale & particuliere ; par la corruption des mœurs du bas peuple, laquelle a été une fuite de cette négligence ; par un ufage établi parmi ce même peuple, & trop long à détailler ; par les fréquentes élections des membres du Parlement pour certains bourgs & certaines

---

pauvres dans fa patrie. En effet, la plûpart des manufactures n'ont jamais qu'une exiftence dépendante & précaire. Les ouvriers & journaliers qui y font employés ne fauroient donc avoir qu'une fubfiftance également précaire & dépendante. Toujours dans la pauvreté, ils font toujours fur les bords du gouffre de la mifere. Une guerre, un nouveau goût, un nouveau débouché, une nouvelle manufacture, un long deuil national, détruifent, ou dumoins dérangent toute la machine qui les faifoit fubfifter. Il n'y a que le travail de la terre, & les manufactures qui tiennent immédiatement aux befoins généraux & ordinaires de la nation, qui ayant une exiftence folide puiffent donner une fubfiftance affurée à ceux qui s'en ocupent. Voyez les manufactures de Lyon. Elles ont l'avantage de travailler pour l'Univers entier. Mais elles ne font que des manufactures d'un luxe frivole & de fantaifie ; & d'ailleurs elles font toujours prêtes à être affamées par l'Efpagne & par l'Italie. Auffi font-elles fouvent dérangées. Auffi Lyon eft-il fouvent accablé du nombre de fes pauvres.

petites villes ; * & enfin par les impôts
fur des objets de confommation journaliere, lorfque la part de l'ouvrier & du
journalier s'eft trouvée en plus forte proportion que l'augmentation de fon falaire.
En même tems une malverfation affreufe
s'étant gliffée dans la manutention de cette
taxe, a achevé de la rendre exceffive, &
n'a pû être arrêtée, ni par la force des
écrits de quelques citoyens éclairés, tels
que Mylord Hale, Sir Jofué Child, le
Juge de paix Henry Fielding, & autres,
ni par la force même des loix faites en
différens tems. La multiplicité des loix
fur un même objet dénote toujours la
corruption ; & malheureufement les cœurs
corrompus favent toujours fe fervir de la
fainteté des loix pour corrompre leur pu-
reté. Or l'affemblage de toutes ces chofes
a fait monter fi haut la taxe pour les pauvres, que dans des paroiffes bien reglées
aux environs de Londres, où il y a tant
d'hôpitaux ouverts & tant de charités par-

---

* Depuis 1688, les ufages & les loix ont changé
par rapport aux élections des membres du Parlement ; & ces élections en font dévenues plus
fréquentes.

ticulieres pour les infortunés , elle ne laiſſe pas d'être preſque toujours à un huitieme du prix des baux ; que dans de certains endroits de la province de Wilts , on l'a vue à près d'un cinquieme ; & que la province de Dorſet en a été longtems rongée , juſqu'à ce qu'elle ſe ſoit un peu ſoulagée en établiſſant des hôpitaux provinciaux : remede qui n'a fait que ſubſti-tuer un moindre mal à un plus grand. Mais à prendre en total la taxe pour les pauvres , on eſtime en Angleterre qu'elle va au moins au dixieme du prix des baux, l'un portant l'autre ; & c'eſt à quoi elle a été portée en 1740 par Sir Mathieu Decker , en voulant l'évaluer au taux le plus bas ; puiſque , page 43 de ſon ouvrage , il dit qu'elle étoit aux deux cinquiemes des loyers dans quelques unes des villes à manufactures de laine , ce qui eſt une preuve évidente du contenu de l'avant derniere note.

Voilà donc différentes cauſes , qui depuis la révolution de 1688 ont dû co ope-rer en Angleterre , pour y diminuer le revenu des propriétaires en fonds de terre , quoique l'agriculture s'y ſoit étendue & ameliorée. Il faut maintenant vous don-ner , Monſieur , une preuve frapante que cette diminution exiſte réellement , & que l'acre de terre ne produit pas , l'une dans l'autre , douze francs aux propriétaires , ſans ceſſer pour cela de produire environ vingt-deux francs à la nation. Or prenez , Monſieur, la premiere partie des élemens du commerce, ouvrage qui vous eſt connu : cherchez page 233 , vous y trouverez le commencement de la traduction d'une brochure Angloiſe ſur l'état de l'agriculture dans le Comté de Norfolk , de cette province tant pronée par quelques uns de nos cultivateurs & de nos défricheurs de cabinet. * Suivez , s'il vous

---

* Lorſqu'on forme des colonies , & qu'on a aſſez de ſubſiſtance pour attendre deux récoltes ; on ne ſauroit rien faire de mieux que de défricher. C'eſt s'aſſurer pour l'avenir un fonds inépuiſable de richeſſes , & une nombreuſe population ; & c'eſt ainſi qu'on en a agi preſque par-tout dans les colonies Angloiſes de l'Amérique Septentrionale , ce qui les a dans peu rendues ſi floriſſantes , qu'elles ſemble déja vouloir ſe jouer de leur Métropole , & devenir les rivales de l'Europe. Mais lorſqu'un Etat eſt formé depuis long-tems, il faut , qu'avant de ſonger à défricher, il ait porté à leur juſte produit & valeur les terres qui ſont déja en culture , ce qui ne ſe peut , qu'il n'y ait de bonnes loix qui établiſſent la ſû-

C iij

plaît ; cette traduction ; elle vous dti ;
page 241 , que les meilleures terres , cultivées à l'ancienne maniere & sans prai-

---

reté des fonds & avances des Cultivateurs , &
qu'il n'y ait certitude d'avoir une grande consommation des denrées produites & un débit
avantageux de ces mêmes denrées. Défricher
avant ce tems heureux , ce n'est pas seulement
absurdité , c'est accélération de ruine. Toute
denrée coute à produire ; & si l'on en produit
beaucoup, sans en avoir un débit sûr & avantageux , on se ruine , parce que c'est avoir un
gros fonds de boutique & peu de pratiques. Si
un marché n'a de consommation que pour mille
boisseaux de grains tous les mois , & que les
cultivateurs qui fournissent ce marché ne culti-
vent qu'à proportion de la consommation établie ; ils feront leurs affaires & celles de leurs propriétaires ; il n'y aura ni cherté , ni famine. Mais
s'ils s'avisent de défricher & de cultiver de maniere à apporter dans ce même marché onze
cents boisseaux de grains tous les mois , ils se
ruineront ; ils seront dans peu obligés de mettre
bas la charrue ; les propriétaires perdront leur
revenu ; il y aura cherté & famine. C'est en peu
de mots l'histoire des défrichemens mal-enten-
dus. D'ailleurs , il y a des lieux qu'en aucun cas
on ne peut défricher sans tout détruire ; & notre
légiflation a très-sagement fait; lorsqu'elle a pro-
noncé peine de mort contre ceux qui ont la cruelle
avidité de défricher de certains endroits.

ries artificielles , * ne rapportent aux propriétaires que de six livres à neuf livres
dix fols par acre , & qu'à ce prix les fermiers ne font pas leurs affaires. Elle vous
dit , page 243 , que les meilleures terres en
pâcage ne rendent pas tout à fait cent
fols par acre , & qu'il y en a qui ne rendent pas cinquante fols. Enfin elle vous
dit , page 249 , que les terres bien cultivées d'après la nouvelle culture ne vont
que de onze à quatorze francs l'acre.
Combinez enfuite tous ces différens prix ,

---

* Tel eft le fort de la province de Norfolk ,
qu'on y a prefque par-tout befoin de prairies artificielles. Il en eft de même d'une bonne partie
de notre Champagne & de quelques autres cantons parmi nous. Mais vouloir femer indiftinc-
tement les prairies arificielles , ce feroit prefque
une auffi grande folie que celle de l'homme qui
vouloit mettre toute la France en ports de mer.
Chaque province , chaque nation a une culture qui lui eft propre & particuliere. Celle de la
Provence n'eft pas celle du Dauphiné. Celle de
la France n'eft pas celle de l'Efpagne , de l'Italie ou de l'Angleterre. Dans tous pays , les cultivateurs enrichiront , eux , leurs propriétaires &
l'Etat , fi les loix leur laiffent la jufte jouiffance
du fruit de leurs travaux ; & s'ils ne l'ont pas ,
tout tombe.

C iv

vous n'en tirerez certainement ; & tout
au plus, que le prix commun de onze
francs ; & quoiqu'il soit vrai, qu'il y ait
des provinces supérieures à celle de Norfolk, telles que celles de Hartford, d'Es-
sex, de Kent, de Glocester, de Worces-
ter, &c ; il est également vrai qu'il y en a
plusieurs qui lui sont aujourd'hui inférieu-
res, telles que celles de Lincoln, de Nor-
thampton, de Leicester, de Cumberland,
une bonne partie du pays de Galles, &c.
où l'acre de terre, l'une portant l'autre,
ne va certainement pas à huit francs. On
peut donc, pour toute l'Angleterre ainsi
que pour le Comté de Norfolk, fixer à
onze francs pour les propriétaires le produit commun d'une acre de terre ; & en
le fixant pour eux à ce prix, c'est sans
doute se tenir dans de justes bornes, c'est
leur accorder plûtôt trop que trop peu,
quoique, comme nous l'avons toujours
dit, le produit commun pour le revenu
territorial & national puisse ne pas cesser
d'être de vingt-deux francs l'acre.

Cette preuve donnée, il faut l'appuyer
de ce qui peut être raisonnablement regardé comme en formant une autre. Il faut
voir, si en ayant trente cinq millions d'a-
cres en produit, & en portant l'impôt

effectif à deux fols pour livre l'un dans
l'autre , le prix commun de onze francs
contribuera fuffifamment pour fournir environ quarante-huit millions à quoi monte
la taxe fur les terres , lorfqu'elle eft fur
le pied apparent de quatre fols pour livre,
c'eft-à-dire , qu'elle eft de deux fols ef-
fectifs.

Les 35 millions d'acres à onze francs
par acre, donnent un revenu de trois cent
quatre vingt-cinq millions, dont les deux
fols pour livre , autrement le dixieme ,
font trente-huit millions cinq cent mille
livre. Or c'eft fans doute fuffifant pour
cette partie , puifque pour faire le total
requis de quarante-huit millions , il ne
manque que neuf millions cinq cent mille
livres que vous trouverez très facilement
dès que vous ferez une attention qui vous
a échapé , & qui eft que les terres des Catholiques Romains font taxées le double
des autres, & que les maifons des bourgs
& des villes contribuent à la taxe ainfi que
les terres cultivées que vous avez feules
confiderées. Vous trouverez même , en
faifant cette attention , & en ayant égard
à ce que je vais dire , une nouvelle
& forte preuve que lorfque j'ai évalué
le revenu actuel & particulier des pro-

priétaires à 385 millions par an ; je l'ai porté au plus haut point où il puisse être.

Sir Mathieu Decker ne mettoit en 1740 la valeur de toutes les rentes de l'Angleterre , tant en fonds de terre qu'en maisons , qu'à 480 millions par an , ou environ. M. André Hooke , en prenant d'autres élemens & d'autres bases pour son calcul , n'a estimé cette même valeur en 1750 , qu'à la même somme d'environ 480 millions par an. Mais sur cette somme nous avons à déduire la valeur des loyers des maisons que M. Hooke estime être un tiers du total , ce qui met ces loyers à 160 millions par an , & reduit le revenu des propriétaires des terres cultivées à 320 millions , autrement à 65 millions au dessous de ce à quoi je l'ai porté. On a en même tems une espece de preuve que cette estimation de M. Hooke pour les loyers des maisons ne s'écarte pas du vrai. Cette preuve existe dans les regîtres de 1687 qui donnent pour Londres & sa petite banlieue 105,315 maisons , lesquelles par les aggrandissemens qu'on a faits depuis , doivent aujourd'hui monter au nombre d'environ 120,000. Ainsi en partant de là , & en supposant seulement le loyer de ces maisons à 450 liv. l'une portant

l'autre ; on a déja un revenu de 54 millions. Si l'on admet enfuite que le loyer
de tout le reftant des maifons des bourgs
& des villes aille à environ le double de
celui des maifons de Londres feul (ce
qui par bien des raifons peut convenir à
l'Angleterre) on aura alors la fomme d'environ 160 millions donnée par M. Hooke.
Cela pofé, il y a à faire une obfervation
effentielle, qui n'a été faite, ni par M.
Hooke , ni par Sir Mathieu Decker , quoique ce dernier n'ait pris pour premiere
bafe de fon calcul, que le produit de la
taxe territoriale. Il a dit, *cette taxe rend
48 millions ; elle eft , l'une portant l'autre ,
au dixieme du revenu total ; donc le revenu
total eft de 480 millions.* Il a dit enfuite ,
*les maifons donnent le tiers de ce revenu ;
les terres ne rendent donc que 320 millions;*
& c'eft dans cette derniere partie du calcul , que lui & M. Hooke ont erré , faute
d'embraffer tous les élemens qui devoient
former la bafe de leur calcul. Ils n'ont
pas confideré , que lorfque les terres
payent le dixieme effectif, les maifons ne
payent qu'environ le vingtieme effectif.
En effet , lorfqu'on fit les déclarations ,
en vertu defquelles la taxe fe leve , on
ne déclara les maifons qu'à la moitié de

la proportion qu'on garda dans les déclarations des terres. Par exemple , si un
homme avoit trois mille livres de rente
en terres cultivées , & deux mille en
maisons ; & qu'il ne fît coucher ses terres
sur le rôle que pour quinze cent livres ,
il n'y fit inserer ses maisons que pour cinq
cent livres. Il calcula la différence de ces
deux sortes de revenus ; & tâcha de con-
server entr'eux leur proportion fonciere
& naturelle. Ainsi les maisons étant continuellement sujettes à des dépérissemens
& à des réparations , & ne se vendant tout
au plus , dumoins en Angleterre , que le
denier douze en supposant que les terres
ne s'y vendent que le denier vingt-deux ,
il ne déclara ses maisons qu'au quart de
la rente , lorsqu'il déclara ses terres à
environ la moitié du revenu ; autrement
il se feroit dupé lui-même.

De toute cette observation il doit suivre , 1°. Que Sir Mathieu Decker &
M. Hooke ont porté trop haut dans leur
calcul la part du loyer des maisons pour
la taxe territoriale , & n'ont pas porté
assez haut la part des baux des terres , ce
qui les a engagés à ne pas estimer le
produit total des terres à sa véritable valeur , sans cependant se tromper sur le

produit courant du loyer des maifons ;
2°. Que cette méprife corrigée , & la
différence du prix des terres avec celui
des maifons étant comme de vingt-deux
à douze , les propriétaires des terres cultivées doivent payer ,
ainfi que j'ai déjà dit ,
environ . . . .   38 , 500 , 000 :

Les propriétaires des
maifons , environ . . .   9 , 000 , 000 :

Les propriétaires Ca-
tholiques Romains un
doublement de leur part,
d'environ . . . .   500 , 000 :

Ce qui forme le total de
la taxe territoriale, d'en-
viron. . . . .   48 , 000 , 000 :

Après toutes ces autorités , & tous ces
differens calculs, qui s'appuyent réciproquement , je crois pouvoir terminer ici
cet article , fans être obligé d'avoir re-
cours à d'autres preuves pour établir qu'en
Angleterre les propriétaires en fonds de
terre n'ont tout au plus qu'un revenu d'environ 385 millions , à raifon de 35 mil-

lions d'acres en produit, & de onze francs par acre l'une dans l'autre. Je pourrois porter plus loin mes obfervations, & ne m'appuyant que fur des Auteurs Anglois, fameux dans leur patrie, tels que Sir Guillaume Petty, & d'autres, je pourrois contefter ce que j'ai accordé de revenu particulier aux propriétaires Anglois, & de revenu territorial à la nation. Mais je crois franchement que ces auteurs fe font trompés : j'en ai même des preuves ; & fans vouloir faire de mauvaifes conteftations, je ne cherche, le plus que je peux, qu'à dire la vérité, à la prouver, & à abreger. Je voue prierai donc feulement, Monfieur, de vous reffouvenir que les 385 millions par an que j'ai accordés aux propriétaires Anglois, ne forment pas pour eux ce qu'on peut véritablement appeller un revenu net. De même que les 500 millions que nous fommes convenus d'accorder à nos propriétaires François font actuellement chargés, tant des trois vingtiemes, que d'une part proportionnelle dans les impôts fur la confommation, & dans les fur-additions occafionnées fur le prix des chofes par la nature même de cette forte d'impôts : de même les 385 millions des propriétaires Anglois font actuellemedt chargés, tant de la taxe fur les terres, que d'une partie proportionnelle dans les impôts fur les confommations, & dans les fur-additions qui font les conféquences de ces impôts. En même tems, pour que vous n'ayez rien à me reprocher, je remarquerai qu'en Angleterre le produit net des impôts fur la confommation, monte actuellement à 30 ou 40 millions plus qu'il ne fait en France; mais que les fraix de regie n'y montent, tout compris, qu'à environ dix pour cent en fus du produit net; au lieu qu'en France les fraix quelconques de regie, y compris les profits, &c. des regiffeurs ou fermiers montent extrêmement haut, tellement qu'on prétend que dans la partie des Aides ils vont au moins à cinq cent pour cent. Il peut donc refulter de-làque les 500 millions de nos propriétaires n'ayent pas plus de net, & en ayent même moins, que les 385 millions des propriétaires Anglois. Mais je ne chercherai point à éclaircir cet article : il eft trop obfcur pour moi ; & je le livre d'autant plus volontiers à vos propres fpéculations, que cé n'eft pas le revenu net des propriétaires qui forment le premier & grand objet d'une nation, mais fon revenu territorial. Non, qu'il ne foit

très important pour un Etat que le juste
revenu des propriétaires n'essuye aucun
dégât , & ait toute la force qu'il doit
avoir. Chacun en observe bien mieux son
propre rang : il y a bien moins de fortunes
renversées , d'élévations promptes & cho-
quantes , & de corruption dans les mœurs :
chacun en est bien meilleur citoyen : l'é-
tat en a bien plus de nerf , bien plus de
force politique. Mais il est encore plus
important que le revenu territorial soit
dans toute sa vigueur. Lorsque ce n'est
que le premier qui souffre , il est facile
d'y porter promptement remede ; & il se
peut que l'Etat n'en reçoive pas beaucoup
de dommage : cela dépend des circonstances. Lorsque c'est le revenu territorial
qui est attaqué , les remedes sont plus difficiles à appliquer ; ils operent plus lente-
ment ; & l'Etat ne manque jamais d'être
en grande souffrance , parce que la reproduction totale n'est pas suffisante pour
tous , ni en quantité , ni en valeur , &
qu'à l'exception peut-être d'un petit nombre , tout le reste se trouve plus ou moins
dans la pauvreté , dans l'indigence , &
dans la misere. L'Etat peut même se voir
alors dans un tel accablement, qu'incapable de rien entreprendre de grand , il n'a
plus

plus de reſſource que dans les petits ex-
pédiens, & ne les trouve pas. Or quant à
ce revenu territorial, je compte vous
avoir prouvé que l'Angleterre proprement
dite ſeroit entierement de niveau avec
nous, ſi attendu le nombre d'hommes
qu'elle a à faire ſubſiſter en comparaiſon
de celui que nous avons, l'égalité ſeule
ne ſuffiſoit pas pour la rendre en ce moment le double plus riche que nous. Il
s'agit donc maintenant d'examiner quelle
autre ſupériorité l'Angleterre peut obtenir par le moyen du revenu territorial de
l'Ecoſſe, de l'Irlande, & des colonies ;
par l'activité & le produit du commerce
particulier de toutes les différentes parties de ſa Monarchie ; & enfin par l'activité & le produit de ſon propre commerce, tant avec ces mêmes parties de ſa
Monarchie, qu'avec l'étranger. J'ai a-
vancé *que cette ſupériorité ne pouvoit exiſ-*
ter que dans l'imagination ; que ce n'étoit
qu'un vain phantome, enfanté & produit
dans le monde par des idées erronées ſur
l'eſſence du commerce ; & que lorſqu'on
avoit dit à quoi pouvoit monter le revenu
territorial des Anglois, tout le produit
de leur commerce s'y trouvoit englobé, &
l'on avoit tout dit.

D

Le jour de notre converfation, cette propofition parut à tous égards extrêmement hardie, ou plûtôt hazardée, pour ne pas dire folle. Ce fut celle contre laquelle vous vous recriâtes le plus ; où vous fûtes le plus fecondé : en un mot elle revolta tous ceux qui étoient préfens. Vous pûtes cependant vous apperçevoir facilement que mon amour propre ne fut point choqué de la maniere dont elle fut reçue : c'eft que j'étois bien fûr en moi-même que j'étois fondé, ainfi que je vais tâcher de vous le prouver avec toute l'attention & toute l'exactitude dont je peux être capable. J'examinerai d'abord ce que peuvent fournir les revenus territoriaux de l'Écoffe, de l'Irlande, & des colonies, en les confiderant feuls & indépendamment de tout commerce. Je chercherai enfuite ce que peut donner le commerce de l'Angleterre avec les différentes parties qui compofent la Monarchie Britannique. De-là je pafferai à l'examen de la balance générale de fa recette & de fa dépenfe. Je vais commencer.

Depuis la réunion de l'Écoffe avec l'Angleterre, faite en 1707, le revenu territorial de la premiere, peut fournir à l'autre dans les deux manieres fuivantes. 1°.

Par les impôts levés d'une façon quelconque fur ce revenu. 2°. Par les dépenfes que les propriétaires d'Écoffe peuvent faire pendant leur refidence en Angleterre. Or lors de la reunion, les impôts qu'on convint de lever en Écoffe n'alloient pas à feize cent mille francs, puifqu'ils ne montoient par l'acte de réunion qu'à foixante trois mille cinq cent livres fterling ; & en fuppofant que depuis ce tems ils ayent doublé, ainfi que cela eft arrivé en Angleterre, il ne peuvent gueres produire aujourd'hui au deffus de trois millions ce qui eft bien peu de chofe. Quant aux dépenfes que les propriétaires d'Écoffe peuvent faire en Angleterre, il faut obferver que l'Écoffe eft très pauvre ; que ceux de fes propriétaires qui viennent en Angleterre en emportent fouvent plus qu'ils n'y apportent ; & que les autres Écoffois qui y paffent n'apportent jamais rien, & remportent toujours quelque chofe, quelque fois beaucoup. Ce ne font pas les Limoufins qui apportent à Paris où dans la Beauce ; ils n'y paffent que parce qu'on y a befoin d'eux, & pour remporter chez eux leurs épargnes fur le produit de leur travail & de leur induftrie. Il y a donc tout lieu de dire, que cet article, loin de rien fournir à l'Angleterre, abforbe au de-là des trois millions fournis par les impôts levés en Écoffe, qui d'ailleurs doivent déja être épuifés par les penfions, falaires & appointemens accordés à ceux qui font chargés dans le pays de la manutention du gouvernement, tant pour le civil que pour le militaire. Ainfi donc le revenu territorial de l'Écoffe, confideré indépendamment de tout commerce, ne fournit rien à l'Angleterre : c'eft plûtôt celui de celle-ci qui fournit à l'Écoffe.

L'Irlande eft fur un pied différent. Elle commence à être affez riche, pour en être déja jaloufée par l'Angleterre. Mais elle a fon gouvernement & fes finances à part ; & tous les impôts qu'elle leve chez elle vont à l'entretien de fon propre gouvernement, & à celui d'un corps de troupes foudoyé chez elle & par elle pour fa propre défenfe & fa propre confervation. * Lorfque l'Angleterre a befoin de

---

*La dépenfe annuelle, tant pour la manutention du gouvernement, que pour l'entretien des troupes, monte à environ cinquante millions. Ainfi elle eft aujourd'hui pour l'Irlande à peu près la même qu'elle étoit pour l'Angleterre avant la révolution de 1688.

ces troupes, & les appelle hors de l'Irlande, l'usage ordinaire est que la derniere cesse de payer celles qui sont sorties, & en leve de nouvelles pour les
remplacer. Le revenu territorial de l'Irlande ne fournit donc directement rien
que par ceux de ses propriétaires qui
dépensent leurs revenus en Angleterre,
& par les salaires & appointemens de ceux
qui ayant des places dans le gouvernement d'Irlande sont cependant residens en
Angleterre. Il faut pourtant ajouter à cela
que souvent le Roi accorde à quelques-
uns de ses courtisans des pensions sur ce
qui est regardé en Irlande comme étant
son propre patrimoine. Mais le tout en-
semble ne sauroit monter haut. En effet,
ceux qui se sont attachés dans le pays à
connoître cet objet, n'ont jamais rencon-
tré personne parmi les gens les mieux
instruits, tant en Angleterre qu'en Irlande, qui l'ait porté à plus de douze à
quinze millions par an. Je le passerai donc
ici pour cette derniere somme de quinze
millions. Si cependant vous croyez que
ce n'est pas assez, vous pouvez, Monsieur,
y ajouter tout ce que vous voudrez, parce que, telle somme que ce soit, je suis
sûr de tout englober & de tout repren-

dre , quand je viendrai à difcuter l'article du commerce. Il en eft de même pour
les colonies, qui toutes enfemble, & à peu
prés de la même maniere que l'Irlande,
peuvent donner environ vingt millions.
Paffons donc au commerce : c'eft le
point capital : c'eft le feul qui puiffe décider.

Il eft impoffible , que l'Écoffe fournif-
fe la moindre chofe par fon commerce
avec l'Angleterre. Il eft même certain
que la balance eft grandement en fa faveur. N'ayant pas de quoi vendre pour
acheter , elle ne fauroit connoître l'aifance que par l'induftrie & par l'épargne.
Elle vend donc peu , & achette encore
moins. Elle n'ofe même pas acheter le
bled dont elle manque. Si elle l'achetoit,
elle manqueroit de tout le refte, & de-
viendroit encore plus dépeuplée qu'elle
n'eft. Un grand nombre de fes habitans
fe contentent donc de gâteaux d'avoine,
& fouvent d'une efpece d'avoine mon-
dée, fimplement détrempée dans de l'eau.
Elle ne vend gueres que quelques beftiaux,
quelques toiles, de petits ouvrages de fil
& de laine , quelques harangs , quelques
faumons , & une efpece de charbon de
terre recherché en Angletterre dans les

riches maisons. En même-tems, elle fournit beaucoup de gens de loi, de me-
decins, de chirurgiens, d'officiers, de
soldats, de boutiquiers, d'artisans, de
colporteurs, & fort peu de matelots. Or
une pareille nation qui n'a rien, ou presque rien, ne peut que gagner en com-
merçant avec une nation qui a beaucoup.
Ce n'est pas la France qui peut gagner
vis-à-vis de la Savoye ; mais c'est la
Savoye qui certainement gagne avec la
France. Ainsi le seul avantage de l'Angleterre par son commerce avec l'Écosse
est, 1°. D'en tirer des hommes qui lui
fournissent leur industrie & leur travail
à meilleur marché que ne font ses propres hommes, d'ou il resulte pour elle
une moindre dépense. 2°. D'en tirer des
hommes qui lui servent à remplacer ceux
qu'elle perd continuellement par son luxe,
par son commerce, par sa navigation,
& par ses guerres : elle en est moins su-
jette à se dépeupler.

L'Irlande a été pendant plusieurs siè-
cles déchirée par la discorde, & dévorée
par la guerre. De là, avec un sol naturellement plus riche que celui de l'Angleterre, avec des ports meilleurs &

mieux fitués pour le commerce , * elle
fe trouvoit au milieu de l'Europe comme
dans le fein de la barbarie des Tartares.
Enfin le fang qui y a encore coulé à la
révolution de 1688 lui a donné la paix ,
& y a fappé la fuperftition & l'ignorance
jufques dans leurs fondemens : on n'y en
trouve plus que les ruines , & le gouvernement eft attentif à les déblayer & à s'en
débarafer. Depuis cette époque , elle à
commencé à fe policer & à prendre des forces. Heureufe de n'avoir encore que ce gros
bon fens , dont on jouit ordinairement en
fortant de la barbarie , elle a principalement écouté les confeils de la vraie fageffe politique. Elle s'eft férieufement ap-
pliquée à l'Agriculture. Feu fon primat
Hoadley , le feu Duc de Devonshire fon
Viceroi , & plufieurs autres parmi fes
grands propriétaires , lui ont donné de
fages inftructions & de beaux exemples fur
ce grand Art que Cicéron a juftement

---

* Tacite , dans la vie de fon beau-pere Agri-
cola , nous apprend que de fon tems l'Irlande
étoit plus commerçante que l'Angleterre : Voici
fes propres mots. *Melius aditus portufque per com-
mercia & negotiatores cogniti.*

regardé comme le plus noble & le plus digne de tous. En peu de tems elle y a fait des progrès immenses. Sa Manufacture de toiles qui n'étoit que sur un pied chancellant a été posée sur des fondemens solides, & est dévenu si considerable qu'elle porte coup aux autres Manufactures de toiles établies en Europe, surtout aux nôtres. L'Angleterre, qui n'en a aucune de cette espèce, a été dans la nécessité d'encourager la sienne, & en tire tous les ans pour plus de vingt millions. D'un autre côté, l'Irlande a aussi formé des Manufactures de laine, dont elle vend partie à l'Angleterre même. Elle lui vend des suifs, des cuirs, & quelquefois des laines crues. Pareillement, quoique l'Angleterre ait prohibé d'emporter de l'Irlande chez elle des provisions de bouche, fraîches ou salées, on ne laisse pas d'y en porter clandestinement par la voye de l'Isle de Man, qui n'est qu'un repaire de contrebandiers. De plus il arrive souvent, que l'Angleterre, pour éviter des armemens trop dispendieux, est obligée d'aprovisionner ses vaisseaux en Irlande. Il arrive aussi quelquefois que le haut prix, & même la cherté des denrées chez elle , * la forcent de fufpendre la prohibition d'importer les provifions de

---

* La cherté des provifions de bouche, à l'exception des grains, eft occafionnée en Angleterre par deux chofes. La premiere eft le monopole que l'Angleterre a établi contre elle-même par toutes fes fauffes loix de gêne & de prohibition pour l'importation & l'exportation, à la referve cependant des grains où elle a été fage, & qui par conféquent ont confervé un bon prix, fans devenir trop chers. La feconde vient des impôts fur la confommation journaliere. Ceux qui exploitent les terres en font fi rudement atteints, que la forte diminution qu'ils ont faite fur le prix des baux n'a pas fuffi pour les empêcher de fe ruiner. Ils ont été obligés de hauffer le prix de leurs denrées; & comme la liberté du commerce des grains ne leur permet pas de trop hauffer le prix de cette denrée capitale, ils ont cherché à fe dédommager en hauffant le plus qu'ils ont pû le prix du bœuf, du porc, du beurre, &c.

La rareté de ces provifions vient en grande partie de ce que l'Angleterre voulant beaucoup acheter pour jouir de la variété des fantaifies, & n'ayant pas affez de frivolités & d'inutilités à donner pour d'autres frivolités & inutilités, elle eft fouvent obligée de livrer en échange, & de maniere ou autre, partie de ce qu'elle a de plus l'Irlande ; ainſi qu'on l'a vû dans ces dernieres années. En même-tems cette Iſle, devenue plus cultivatrice , en eſt naturellement devenue plus Manufacturiere , parce qu'elle a eu à travailler une plus grande quantité de matieres de ſon propre crû. Ainſi , elle ne tire plus de l'Angleterre qu'une petite quantité de draps fins , quelques papiers , quelques charbons de terre de White-Haven, quelques quincailleries , & quelques marchandiſes qui ne ſont ni du crû ni des Manufactures de l'Angleterre , telles que ſont celles des Iſles & des Indes : marchandiſes , qui par les loix fiſcales ne peuvent être portées en Irlande , qu'après avoir paſſé par quelque port de l'Angleterre.

ſolide , partie de ſes principales denrées. Les commerçans , ſur-tout la Compagnie des Indes , ont beaucoup contribué à induire la nation dans cette erreur. Gagnant eux-mêmes beaucoup dans ces échanges , ils ſont parvenus à perſuader à la nation que ce n'étoit pas un gain fait ſur elle , mais un gain pour elle. Cependant ne fait-elle pas une véritable perte lorſqu'elle donne beaucoup de bœuf & de beurre pour un peu de ſoye ou de thé , & qu'elle a enſuite beſoin de ce qu'elle a donné en échange ?

Il est vrai que ces loix font caufe que
l'Irlande achette plus cher ces marchandifes ; mais elle s'en vange , foit en n'en
achettant pas la même quantité , foit en
vendant à l'Angleterre les fiennes plus
cher. En fait de commerce , toute nation
eft vis-à-vis d'une autre nation , ce qu'eft
un détailleur quelconque vis-à-vis d'un
autre détailleur quelconque. Lorfque le
boucher augmente fur le boulanger le prix
de fa viande ; celui-ci eft dans la néceffité d'augmenter fur le boucher le prix
de fon pain , ou ce qui revient au même
par rapport à la balance néceffaire , de
confommer moins de viande en raifon
de l'augmention du prix. C'eft un ordre
de la nature qui ne fauroit être profcrit
ni par la tyrannie des loix fifcales , ni
par celle du cimeterre. Si quelquefois il
paroît un peu ceder à la force ; il reprend
bientôt le deffus , & fe vange de ceux
qui l'ont forcé de plier. Il a également
lieu par rapport aux nations qui n'ont
pour denrées & marchandifes que des
matieres d'or & d'argent , ou leur bras
& leur induftrie. Si l'on leur vend plus
cher , elle fe remettent toujours de niveau , ou en ne prenant qu'à raifon de la
même quantité de matieres d'or & d'ar-

gent qu'elles ont à échanger, ou en
louant plus cher leur induſtrie & leur
bras. Il y a même à craindre alors, que
ces nations ne cherchent ailleurs le bon
marché, & qu'on ne reſte chargé de ſa
marchandiſe, laquelle n'ayant plus de
debit, n'aura plus de valeur. C'eſt en partie ce qui eſt arrivée à l'Angleterre. Le
Monopole, qu'elle a voulu tyranníque-
ment exercer ſur l'Irlande, a fait naître
la contrebande, & l'Angleterre y a doublement perdu. * Ainſi donc en reſumant
tout ce que je viens de dire, il en doit re-
ſulter que l'Irlande vend beaucoup à l'Angleterre, & en achette moins qu'elle ne
lui vend. L'Angleterre perd donc de ce
côté-là plus qu'elle n'y gagne. Elle y doit
même perdre au de-là des quinze millions
par an ou toute autre ſomme que vous

---

* Le monopole que l'Angleterre, dans ſes
idées tyranniques ſur le commerce, a voulu
exercer ſur l'Irlande, à cauſé un mal bien plus
grand que la contrebande, qui eſt toujours une
pépiniere de ſcélérats dangereux pour l'Etat. Il
a aliéné l'eſprit des Irlandois. Il y a fait naître
l'idée, qu'au lieu d'être les freres puînés des Anglois, ils n'en étoient que les eſclaves; & cette
idée aura un jour des ſuites fatales à l'Angleterre.

voudrez qu'elle ait à recevoir de l'Ir‑
lande , tant par les propriétaires Irlandois
qui viennent refider chez elle , que par
ceux de fon propre peuple qui reftent
parmi elle avec des gages , falaires , ap‑
pointemens , ou penfions fur le fifc de
l'Irlande. Il eft vrai cependant qu'on pour‑
roit objecter—1°. Que le pair du change
entre Dublin & Londres étant à 8. ⅓ , *
le cours de ce même change a fouvent
été plus haut depuis les vingt dernieres
années, d'où il peut paroître que pendant
cet efpace de tems la balance des re‑
mifes , au lieu d'avoir été , comme je dis ;

---

* La livre fterling d'Angleterre eft d'un dou‑
zieme plus forte que celle d'Irlande, ce qui met
le pair du change à 8. ⅓ ; tellement que pour
avoir 100 liv. fterling d'Angleterre , il faut don‑
ner à Dublin 108 liv. 6 f. 8 d. d'Irlande : voilà
le pair. Si l'on donne moins , on gagne ; fi l'on
donne plus , on perd ; & c'eft la variation con‑
tinuelle qu'il y a du plus au moins qu'on appelle
le cours du change.

Souvent un homme habile , qui eft au fait des
affaires de l'Europe , découvre , par l'éxamen du
court du change fur les différentes places , les
opérations les plus fecrettes de la politique du
Cabinet.

défavorable à l'Angleterre ; lui a pû être favorable—2°. Qu'il y a très peu d'années, qu'il y avoit en Irlande une grande rareté d'efpeces. Mais à ces deux objections j'ai à repondre—1°. Que le change entre Londres & Dublin ne s'entremeflant point avec ceux des autres comptoirs de l'Europe , & étant comme confiné entre ces deux places, les Banquiers en ont fait un monopole , principalement à l'égard des propriétaires , gagiftes & penfionnaires de l'Irlande réfidens en Angleterre & fort peu au fait de tout l'*Agio* du change ; & que de-là , le cours du change eft ordinairement plus haut qu'il ne devroit être, fi ce monopole n'exiftoit pas—2°. Que pendant les deux dernieres années 1760 & 1761 , le cours du change a toujours été au-deffous du pair & défavorable à l'Angleterre. — 3°. Que les négocians Anglois font à l'Irlande beaucoup de payemens en efpeces , fur-tout pour les toiles vendues en grande quantité dans les Foires de Chefter, ce qui doit avoir un effet fur le prix du change , & le tenir plus haut qu'autrement il ne feroit—. 4°. Que la rareté d'efpeces qu'il y a eu dans les dernieres années n'a été qu'apparente. Elle n'a pas été dans la nation ; mais a été seulement chez les Banquiers qui avoient perdu la confiance du public , tant à cause des chaudes altercations entre le conseil de St. James & le Parlement d'Irlande , que par le crime , devenu fréquent en Irlande , d'exfolier les guinées d'Angleterre au moyen d'une liqueur forte : crime dont le Caissier du plus gros Banquier de Dublin avoit été formellement accusé , & avoit eu de la peine à se laver — 5°. Que si , d'une manière ou autre , l'Irlande étoit annuellement débitrice de l'Angleterre , il faudroit que pour solder son compte , elle y fit passer les matieres d'or & d'argent qu'elle pourroit recevoir d'ailleurs , ou qu'elle cessât d'acheter de l'Angleterre comme n'étant pas en état d'acquitter ses achats. Mais qu'au contraire c'est un fait très-connu que depuis plusieurs années , elle attire continuellement chez elle les guinées de l'Angleterre qui n'y peuvent passer que pour solder le compte de ce que celle-ci lui doit. Une preuve évidente de ce fait est cette même exfoliation des guinés dont je viens de parler , & qui a été si fréquente en Irlande , sans que les guinées exfoliées ayent repassé en Angleterre. Les deux seules objections qu'on

pouvoit

faire étant ainſi renverſées , vous voyez
bien , Monſieur, que vous pouvez hardi-
ment rayer de votre calcul le commerce
avec l'Irlande : il ne rapporte certainement rien à l'Angleterre ; au contraire il
lui ôte.

Avant la guerre derniere , les Colonies
des Iſles ont pû ſervir d'entrepôt pour le
commerce , tant licite qu'illicite , qui ſe
faiſoit entre l'Angleterre & les Indes Eſpagnoles par le moyen du vaiſſeau de l'Aſſiente. * Mais depuis cette guerre , ce
commerce a ceſſé ; & s'il continuoit encore , le profit qu'il donneroit ne pourroit pas être mis ſur le compte de ces Colonies , puiſqu'elles ne ſerviroient , comme j'ai dit , que d'entrepôt. Quant à leur
propre commerce avec l'Angleterre,celle-
ci n'y trouve d'autre avantage que le debit de ſes denrées & marchandiſes pour
avoir d'autres denrées & marchandiſes
qu'elle n'a pas chez elle , & qu'elle veut

---

* Le vaiſſeau de l'Aſſiente n'a plus lieu : le
gouvernement d'Eſpagne n'accorde plus pour la
traite des Negres que des permiſſions particulieres obtenues par d'autres nations ainſi que par
les Anglois , lorſqu'ils ſont en paix avec les Eſpagnols.

E

avoir. Ces Colonies n'ont ni or , ni argent , pour lui donner en retour. Il y a même à remarquer que les denrées & marchandifes qu'elle en tire , fuffifent à peine pour fa confommation ; & que pour les avoir , il faut qu'il y ait , parmi ce qu'elle donne en échange , plufieurs denrées & marchandifes qu'elle achette l'argent à la main , foit dans les Indes Orientales , ou ailleurs. Cette branche de commerce eft donc pour elle un article de dépenfe , non un article de recette. Puifqu'au lieu du miel qu'elle pourroit avoir chez elle , & dont la production & la confommation augmenteroient fon revenu ; puifqu'au lieu de ce miel , elle veut fe fervir du fucre des Colons , il faut bien qu'elle paye ce fucre , que les Colons ne lui donneront certainement pas pour rien. Il eft vrai cependant que les commiffionnaires de Londres , par les mains de qui paffe prefque toute la branche du commerce des Ifles , y gagnent confiderablement. Mais ce n'eft pas là le gain de la nation ; il ne fe fait que fur la nation même , ainfi que je le prouverai ci-après ; & quoique ce gain ferve enfuite à ceux qui le font , pour le prêter à intérêt à la nation lorfqu'elle emprunte , cela même doit le

faire confiderer comme étant affez fem-
blable à ces profits faits fur un grand propriétaire par fon Intendant , qui trouve
enfuite moyen de les lui prêter à intérêt
pour achever de le ruiner.

Le commerce de la Virginie & du Maryland eft extrêmement gêné par les loix
fifcales de l'Agleterre. Il en eft conféquemment devenu la proie des commiffionnaires , une fource féconde de contrebande , & en quelque maniere une
pierre d'attente pour la révolte , furtout
par rapport au Maryland dont plus de la
moitié des propriétaires font Jacobites ,
ou du moins ennemis naturels du gouvernement Anglois. Mais le commerce des
autres Colonies du continent eft plus libre , & fe fait en général par elles-mêmes
& par leur propre marine.

Tout le commerce des unes & des autres de ces Colonies fe fait , en donnant
de leur part , des denrées & marchandifes
dont l'Angleterre confomme une grande
partie , & vend le reftant aux étrangers ;
& en donnant , de la part de l'Angleterre ,
des denrées & marchandifes dont elle tire
une partie de chez elle , & dont elle
achette ailleurs l'autre partie. Si , comme
on l'a prétendu , il y a quelque retour en

argent de la part de ces Colonies en général , c'eſt aujourd'hui bien peu de choſe,
parce que cet argent ne peut être produit
que par le commerce avec les Hollandois
de Curaſſeau & de Surinam , & avec les
Danois de S. Thomas , ou par un commerce d'interloppe avec les Indes Eſpagnoles. Or ce commerce avec les Hollandois & les Danois ne ſauroit être , dans
ſon état le plus floriſſant , que le moindre
des objets dans la maſſe que nous avons
ici à conſiderer. Quant au commerce d'Interloppe avec les Eſpagnols , il eſt ſoi-
gneuſement bridé , depuis 1740 , par le
gouvernement d'Eſpagne. On peut même
affirmer , que malgré les prohibitions , &
malgré la guerre , la plus grande partie
de l'argent procuré par l'une & l'autre de
ces branches de commerce paſſe à nos
Colonies , tant pour en tirer du ſucre , du
Rum , des Melaſſes , &c. que pour obtenir
la permiſſion d'en tirer ces marchandiſes. *

---

* Si dans l'état où ſont les choſes , ce commerce , ſi prohibé de part & d'autre , n'avoit pas
lien , s'il n'y avoit pas de part & d'autre des
vaiſſeaux envoyés de concert pour être pris , les
Colonies des uns & des autres en ſouffriroient
trop , & les Métropoles elles-mêmes s'en reſſen-
tiroient.

J'ofe donc dire que ce retour en argent, s'il exifte en ce moment, va tout au plus à deux millions cinq cent mille livres. Je ne fache même pas qu'en aucun tems on l'ait porté plus haut ; & je ne l'accorde que parce que c'eft un article qui ne mérite pas d'être difputé. En effet, pendant le derniere guerre, & depuis le commencement de la préfente, le gouvernement Anglois a été fréquemment obligé d'envoyer dans fes Colonies du Continent des efpeces monnoyées pour acquitter les dépenfes qu'il y faifoit. Les réfolutions du Parlement, les regîtres de la Douane de Londres, & les gazettes publiques en font foi. Or cela n'arriveroit certainement pas, fi les Colonies du Continent avoient à faire à leur métropole de groffes remifes en argent. Mais, direz-vous, il refte toujours à examiner, fi les denrées & marchandifes que l'Angleterre achette pour envoyer dans fes Colonies ont une auffi haute valeur que celles qu'elle en retire pour vendre à l'étranger, & parmi lefquelles le Tabac eft fans doute un article qui mérite confidération. * C'eft vrai. Ce-

---

Il n'y a pas de doute, que le tabac, production de la Virginie & du Maryland, ne mérite

pendant comme cet examen eſt d'une longue & difficile diſcuſſion, & que dans le

---

une grande conſidération. Il forme un objet du
premier ordre dans le commerce des Colonies
Angloiſes avec leur Métropole. Si l'Europe peu-
voit ſe paſſer du tabac Anglois, la Virginie &
le Maryland qui ne produiſent preſque rien autre, en ſeroient ruinés de fond en comble. Les
autres Colonies Angloiſes qui fourniſſent à celles-
là les denrées nourricieres, verroient leurs denrées ſans débit & ſans valeur. Toutes ces Colonies ne pourroient plus acheter de leur Métropole la même quantité de denrées & de marchandiſes ; & la Métropole abbatue en frémiſ-
roit de douleur & de rage. Mais où les puiſ-
ſances Européennes, ennemies de l'Angleterre,
pourroient elles trouver un tabac moins pernicieux que celui de la Virginie & du Maryland ?

La morue forme un article bien plus conſi-
dérable que le tabac. Mais les Colons Anglois
qui en ont préſentement le privilége excluſif des
mains de la nature, parce que ſeuls ils peuvent
faire la pêche ſédentaire ; ces Colons, dis-je,
vendent eux-mêmes cette riche denrée aux Colonies des Iſles & aux nations Européenes, ſans
eſſuyer le monopole de leur Métropole.

La préſente guerre rend encore poſſible de
parvenir à partager la pêche de la morue avec
les Colons Anglois ; mais c'eſt bien difficile.
La paix d'Utrecht, où ni la France ni l'Angleterre n'ont connu leurs vrais intérêts, y a mis
de terribles obſtacles.

fonds il n'eſt qu'une moindre partie de celui que je ferai ci-après de la balance générale du commerce des Anglois, permettez que je l'y renvoye.

Suivant un état du commerce de l'Angleterre dans les Indes Orientales, imprimé à Londres en 1754, & publié ſans nom d'Auteur, & ſous une qualité générique, par M. Hanway dont les voyages donnés en Anglois, ont été traduits en François; ſuivant cet état, chaque vaiſſeau qui part de Londres pour aller aux Indes, emporte l'un dans l'autre environ douze cent mille francs d'argent comptant, & la valeur d'environ un million en marchandiſes. Le retour eſt tout en marchandiſes, dont plus des deux tiers ſont conſommés dans la Grande Bretagne. La plus grande partie de l'autre tiers paſſe en Irlande & dans les Colonies : le reſte eſt porté chez les nations avec qui l'Angleterre commerce. Or comme tous les ans il part de Londres de quinze à vingt vaiſſeaux, cette branche de commerce doit au moins emporter, une année dans l'autre, environ vingt millions de matieres d'or & d'argent ; & comme ce ſont les Anglois, qui conjointement avec l'Ecoſſe, l'Irlande & les Colonies, conſomment preſque tout

D iv

le retour ; que d'ailleurs les trois quarts de ce retour ne confiſtent qu'en pures frivolités & inutilités , il doit ſuivre de tout cela qu'au moins la moitié de cette branche de commerce eſt en pure perte pour la nation , quels que ſoient en même tems les profits de la compagnie qui l'exerce. Néanmoins , cette perte pouvant être compenſée par des profits faits autre part , il faut néceſſairement la faire rentrer dans l'examen général du commerce des Anglois. Nous n'avons pas d'autre moyen pour arriver à la vérité , & afin que vous ſoyez , Monſieur , mieux en état de la voir , je vais marquer les principes d'après leſquels je partirai pour la trouver.

On doit bien ſe garder de jugér des profits nationaux du commerce par la grandeur du commerce , & encore moins par les profits particuliers des commerçans. Une nation peut avoir un commerce qui paroit très borné , & qui cependant eſt très lucratif pour elle : tel eſt le commerce qu'on fait à Vienne en Autriche , où le Miniſtere a preſque toutes les fines connoiſſances du commerce , & n'ignore pas que pour trafiquer bien profitablement , il faut faire marcher les matieres d'argent de l'Occident à l'Orient , & les matieres d'or de l'Orient à l'Occident. D'un autre côté, une nation peut avoir un commerce très étendu, très florissant en apparence, & cependant perdre beaucoup. Dès que l'Empire Romain eut soumis l'Egypte, il y établit avec les Indes un grand commerce, qui suivant Strabon, employoit cent vingt navires par an, & qui suivant Pline l'ancien, donnoit à ceux qui le faisoient un bénéfice de cent pour cent, chargé des fraix, des risques, & de l'intérêt des avances. * Mais suivant le même Pline, l'Empire Romain perdoit annuellement par ce commerce, environ dix-huit millions de notre présente monnoie. Ainsi dans l'espace d'un peu plus de deux cents ans, ce commerce enleva à l'Empire

---

* En Angleterre, le commerce des Indes ne rend pas à la Compagnie cinquante pour cent d'un bénéfice chargé comme étoit celui du commerce des Romains. Ce n'est pas assez pour un commerce de cette nature. Ceux qui y font les fonds ne sauroient y trouver un profit sûr & honnête. Il n'y a que ceux qui ont en leurs mains l'administration de ces fonds qui y puissent faire leurs affaires. Quand à la nation, elle y perd au moins cinquante pour cent, outre les profits faits sur elle par la Compagnie, & outre la destruction d'un bon tiers des équipages.

Romain environ quatre milliards ; mit les peuples hors d'état de payer les impôts qu'on leur demandoit toujours en argent ; occasionna de tous côtés des révoltes, & fut la cause seconde de l'avilissement & de la destruction de l'Empire : l'abrogation de la loi Oppia en fut la cause premiere. Quant aux profits particuliers des commerçans, ils se font toujours aux dépens des propriétaires en fonds de terre ; & j'aurai lieu ci-après d'en parler plus amplement.

La mesure par laquelle on peut juger en gros du commerce d'une nation avec une autre, consiste, — 1°. dans le prix constant du change, soit au-dessous ou au-dessus du pair dans les grands comptoirs des nations qu'on compare.— 2°. Dans les transports des matieres d'or & d'argent, lesquels ne peuvent qu'affecter le cours du prix du change. 3°. Dans la connoissance du détour que les grands & habiles banquiers savent donner aux remises d'une place à l'autre, ce qui peut aussi affecter le prix du cours du change. — 4°. Dans la connoissance des remises que les affaires ordinaires & extraordinaires de l'Etat peuvent engager à faire au dehors, ou à recevoir au dedans.

Pour juger du total des profits nationaux, ou des pertes nationales d'un Etat
quelconque par le commerce, on n'a
d'autre mesure que d'observer la quantité
des matieres d'or & d'argent qui y peuvent entrer, & la quantité de celles qui
en peuvent sortir. S'il en entre plus qu'il
n'en sort, l'Etat gagne : s'il en sort plus
qu'il n'en entre, l'Etat perd : si l'entrée
& la sortie sont égales, il n'y a ni perte
ni gain. Cette mesure est bien plus facile
à obtenir que l'autre, sur tout en Angleterre, où pour s'en assurer, on n'a qu'à
suivre sur la place le prix des matieres
d'or & d'argent, & le comparer avec
celui des mêmes matieres à l'Hôtel
des Monnoyes. Si le premier est constam-
ment plus fort que l'autre, c'est mauvaise
marque, ou du moins c'est marque que
l'égalité ne se soutient qu'à peine, & que
les matieres d'or & d'argent sortent plus
vîte qu'elles n'entrent, ce qui témoigne
qu'au lieu d'être en avance dans le flux &
reflux du commerce, on y est au contraire arrieré. Si l'un & l'autre prix se soutiennent à peu près dans l'égalité, & que
l'Hôtel des Monnoyes fabrique peu, les
pertes & profits se compensent & se ba-
lancent à peu près. Si les deux prix se sou-

tiennent également , & que l'Hôtel des
Monnoyes fabrique beaucoup, fans que ce
foit la fuite d'une de ces opérations particulieres qui font illufion aux ignorans,
mais qui ne trompent point les gens inf-
ruits ; alors il y a certainement du profit.

Il faut de plus bien faire attention par
rapport à la mefure que je viens de donner , fi l'Etat dont on veut mefurer le commerce, a ainfi que l'Angleterre , des fonds
publics portant intérêt , & une banque nationale. La raifon en eft bien fimple. C'eft
qu'alors cet Etat peut avoir annuellement
une forte balance contre lui , & cependant voir augmenter chez lui fes matieres
d'or & d'argent , parce que les étrangers ,
fes débiteurs , le payent ; & que les étrangers , fes créanciers , peuvent choifir de
ne point retirer leurs créances en or & en
argent , & aiment mieux la laiffer chez
lui & l'y placer dans fa banque, ou plûtôt
dans fes fonds publics, pour changer leurs
fimples créances en créances hypothequées & portant intérêt. Il fe peut auffi
que d'autres étrangers , qui ne font ni débiteurs ni créanciers de cet Etat , & qui
ont des matieres d'or & d'argent qui ne
leur rendent rien , faffent paffer chez lui
ces matieres pour les employer à en ache-

ter quelques uns de ces fonds publics, &
à se former sur lui une créance hypothe-
quée & portant intérêt. Et si en même
tems que cela arrive, le prix des matieres
d'or & d'argent est encore plus haut sur la
bourse qu'il n'est à l'Hôtel des Monnoyes,
alors on a certainement une double preuve que cet Etat a une forte ballance annuelle contre lui.

Il est vrai que ces manieres de mesurer
les pertes ou profits d'une nation avec
une autre, & de la même nation avec
toutes les autres, ne comprennent pas
seulement ses pertes ou profits par le commerce, mais embrassent aussi la balance
générale de sa dépense & de sa recette,
dans quelque genre que soient celles-ci.
Cependant, comme il n'est nullement difficile de faire abstraction de toute la recette & de toute la dépense qui ne re-
garde pas le commerce, on peut toujours
porter un jugement assez juste sur la balance du commerce de la nation qu'on
considere. Je vais donc partir des principes que j'ai marqués, & mesurer le commerce de l'Angleterre par les seules me-
sures qui puissent nous faire connoître ses
effets.

L'Angleterre gagne par le cours du

change avec Livourne, Gênes, le Portugal, & l'Espagne. Elle perd par le cours du change avec les trois grands comptoirs de Venise, d'Amsterdam, & de Hambourg. — Son profit avec Livourne se soutient depuis long tems à environ deux pour cent, & doit venir entierement de la force de son commerce avec cette place. — Avant la guerre de 1740, Londres perdoit avec Gênes : aujourd'hui elle gagne environ dix pour cent ; mais ce gain ne sauroit être causé par le commerce. Ce n'est point Gênes qui est en Italie l'étaple des Anglois ; c'est Livourne ; & l'Angleterre a plus besoin des denrées & marchandises du pays de Gênes, que ce pays n'a besoin des denrées & marchandises de l'Angleterre. Le gain de celle-ci par le change, ne peut donc gueres être attribué qu'au discrédit où est tombée la banque de Gênes depuis la guerre derniere ; & alors le change, tel qu'il est aujourd'hui entre Gênes & Londres, revient à peu près au pair. — Le profit fait par le change avec le Portugal n'est que d'environ trois pour cent, & a été autrefois beaucoup plus considérable, lors même que l'Angleterre soudoyoit le Portugal, & entretenoit une armée en Espagne.—Le change avec l'Efpagne donne à peine un pour cent de profit. Malgré les prohibitions, l'Iilande a trouvé moyen de faire avec l'Efpagne un commerce clandeftin, même en étoffes de laine. Or ce commerce a diminué les importations de l'Angleterre ; & ainfi que je l'ai établi ci-devant, l'Irlande ne rend rien à l'Angleterre de ce que fon propre commerce peut lui produire. D'ailleurs les Anglois, comme je le ferai voir par la fuite, manquent fouvent de matieres d'argent, & ne pouvant gueres en tirer que de l'Efpagne, ils font alors forcés d'y en acheter, ce qui empêche le cours du change de fe monter fur un haut pied en leur faveur.—La perte de l'Angleterre avec Venife eft d'environ trois & demi pour cent.—Avant la préfente guerre, la perte de Londres avec Hambourg alloit auffi à environ trois & demi pour cent. En 1759, Londres gagnoit fur Hambourg environ neuf pour cent. Mais ce profit a du bientôt ceffer, parce qu'il ne pouvoit être occafionné que par la vente des prifes que les Anglois avoient faites fur nous, & par les fommes que le feu Roi d'Angleterre avoit pû retirer de Hanovre & faire paffer à Londres par la voie de Hambourg.

La caufe ayant ceffé, le change entre ces deux places a repris fon ancien cours, & même eft monté à plus de quatre pour cent contre l'Angleterre, malgré les fucres de la Guadeloupe dont aujourd'hui elle peut vendre une partie à Hambourg. Apparemment la Marine que l'Angleterre tient actuellement fur pied, l'oblige à faire de plus fortes dépenfes du côté du Nord ; ou bien cette puiffance fait paffer par Hambourg une partie du fubfide qu'elle accorde au Roi de Pruffe. C'eft ce qu'il feroit facile à favoir, fi la chofe valoit la peine de s'en enquerir — Quant à Amfterdam, il y a déja du tems que le change fur Londres y gagne environ cinq pour cent ; & lorfqu'il gagne moins, comme au mois de Novembre dernier, c'eft que les Hollandois laiffent leurs fonds en Angleterre pour les placer dans un nouvel emprunt. Or, par rapport à ce change, il faut confiderer, — 1°. que le change d'Amfterdam eft comme le pivot fur lequel roulent tous les autres changes. C'eft celui qui donne le ton à tous les autres, parce que cette place devant à toutes les nations, & toutes les nations lui devant, il fe fait fur elle, & entre toutes les nations commerçantes un continuel virement de parties.

parties.—2°. Qu'à la vérité avant la guerre, le cours ordinaire du change entre Londres & Amſterdam n'alloit guères qu'à environ quatre & demi pour cent de perte pour Londres. — 3°. Que la perte d'environ quatre & demi pour cent en tems de paix, ne doit pas être entierement rejettée ſur le compte du commerce : les intérêts que l'Angleterre paye aux étrangers qui lui ont prêté, y ont certainement beaucoup de part. — 4°. Que l'augmentation de la perte depuis le commencement de la guerre, doit être attribuée aux remiſes de l'Angleterre pour le ſubſide du Roi de Pruſſe & pour l'entretien de l'armée du Prince Ferdinand; aux plus fortes dépenſes dans le Nord pour l'entretien de la Marine ; & à l'accroiſſement des intérêts dûs à l'étranger pour les nouvelles ſommes qui en ont été empruntées. — 5°. Que ſans les trois cauſes que je viens de marquer, la préſente guerre n'auroit pas pû cauſer une augmentation contre l'Angleterre dans le cours de ſon change avec Amſterdam, mais auroit dû y cauſer une diminution en ſa faveur, étant certain que juſqu'au moment préſent, cette guerre a rendu ſon commerce moins paſſif & plus actif, au lieu de le rendre moins actif &

F

plus paffif — 6°. Qu'en pefant bien tout ce que je viens de dire, tant à charge qu'à décharge, il en doit réfulter, que comme les Anglois font leur propre commerce & font leurs propres voituriers, leurs propres porte - balles, ils ne fauroient perdre continuellement, ainfi qu'ils font, par le change de Londres avec Amfterdam, qu'il n'y ait en cela feul quelque chofe de plus fort qu'un préjugé pour faire penfer que fur le total de la balance générale la nation Angloife perd plûtôt qu'elle ne gagne. Ajoutez maintenant à cela que l'Angleterre paye annuellement une ballance à la Ruffie que M. Hanway a eftimée à un million de roubles, faifant cinq millions tournois. Ajoutez encore, que quoique la guerre aît rendu le cours du change beaucoup moins favorable au Comptoir de Paris qu'il n'étoit auparavant, néanmoins ce Comptoir gagne encore environ trois pour cent au moins au-deffus du pair fur celui de Londres. En effet, le pair du change entre Paris & Londres, eft fuivant Sir Ifaac Newton vingt-neuf deniers fterling, & cent quarante - neuf milliemes de deniers, autrement un millieme moins de trois vingtiemes, pour foixante fols de la préfente monnoye de France. Suivant d'autres calculs faits en France, ce pair est de vingt-neuf deniers & demi sterling. Or le 3 Décembre dernier 1761, Londres donnoit encore trente deniers trois huitiemes sterling pour soixante sols de France tirés à un jour de datte ; & cela fait bien réellement environ trois pour cent de bénéfice pour le comptoir de Paris sur celui de Londres, en ne partant même que du calcul fait en France, & en abandonnant celui de Sir Isaac Newton lequel feroit monter ce bénéfice à environ quatre pour cent. Quant à Anvers, le change de ce comptoir, autrefois favorable aux Anglois, s'est confondu depuis la guerre derniere parmi les autres.

Il paroît donc sur le total que par le cours du change l'Angleterre perd avec les principaux comptoirs de l'Europe qui sont Amsterdam & Hambourg ; qu'elle perd avec Venise, la Russie, & même la France ; & qu'elle gagne fort peu avec les autres comptoirs. S'il n'y avoit donc que cet objet à considerer, on pourroit dès à présent décider que par le commerce, ou autrement, l'Angleterre dépense plus qu'elle n'a de revenu, & vit sur son propre capital. Mais il y a des nations avec qui elle fait un grand commerce , & dont la principale denrée & marchandife confifte en matieres d'or & d'argent. Il faut donc voir quelle eft en Angleterre l'importation & l'exportation de ces matieres.

Quoiqu'il y ait en apparence un grand profit à porter aux Indes Otientales de l'argent pour en rapporter de l'or , ce profit n'eft pourtant pas affez confiderable , vû la longueur & les fraix du voyage , pour être l'objet d'un armement : il ne peut faire tout au plus que l'objet d'une pacotille ; & fur le total , c'eft peu de chofe. En conféquence je dirai , que les matieres dor & d'argent qui roulent aujourd'hui dans le commerce Européen, ne viennent que par celui qui fe fait avec les pays de la domination Efpagnole , avec ceux de la domination Portugaife, & avec les côtes Occidentales de l'Afrique. Or il eft certain que l'Angleterre , par les envois qu'elle fait dans ces pays en denrées & en marchandifes, reçoit en retour , non-feulement d'autres denrées & marchandifes , mais auffi une grande quantité de ces matieres d'or & d'argent. En même tems on ne fauroit douter, qu'après les avoir reçues , elle n'en repande beaucoup dans les autres pays où elle commerce , comme aux Indes Orientales , aux échelles du Levant , en Hollande , à Hambourg , & dans le reſte du Nord. Mais quoiqu'il y ait certitude, & de la grande importation de ces matieres, & de leur grande exportation , il ne m'eſt pourtant pas poſſible , je l'avoue , de fixer le point de gradation à quoi peuvent monter l'une & l'autre. Un homme inſtruit,& dans une autre ſphere que la mienne, pourroit facilement , & ſans ſe tromper , marquer ce même point à deux ou trois millions plus ou moins. Mais moi , ſimple particulier , je ne ſaurois le tracer avec la même exactitude. Je me flatte néanmoins , que les obſervations que je vais vous offrir ſuffiront , Monſieur, pour vous faire eſtimer que la balance de l'importation avec l'exportation ne ſauroit être favorable à l'Angleterre. Ce ſera même beaucoup , ſi dans un pareil myſtere , où je ne ſuis nullement initié , je vous conduis juſques là. Je l'entreprends cependant avec hardieſſe , parce que ce qui me reſtera à dire ne pourra que confirmer en entier mes obſervations , qui en même-tems ſe trouveront d'accord avec

ce que j'ai déja dit par rapport au prix
du cours du change.

Suivant l'effai fur le commerce des
Indes, publié à Londres par M. Hanway
en 1754, & que j'ai cité ci-devant, le
connoiffement de quatorze vaiffeaux allant aux Indes en 1753 préfente pour partie de leur cargaifon plus de dix-huit millions huit cent mille livres en matieres
d'argent, & plus d'un million en matieres d'or, & en tout, la valeur d'environ
vingt millions. * D'un autre côté, &
d'après un petit état tenu en 1754 depuis le 3 Avril jufqu'au 23 Septembre,
lequel m'a été remis entre les mains, il
eft forti ouvertement par la Douanne de
Londres, tant pour la Hollande que pour
le Nord, plus de quatre millions en argent, & plus d'un million en or, outre foixante huit caiffes d'or & d'argent,
dont le lieu de la deftination n'a pas été
marqué, mais qui ne pouvoient pas être

---

* Le connoiffement ne paffe les matieres d'or
& d'argent qu'au prix qu'elles ont à l'Hôtel des
Monnoyes ; mais s'il les avoit paffées au prix de
la place, la fomme totale iroit à plus de vingt-
un millions.

pour le compte de la compagnie des Indes, étant sorties au commencement du
mois d'Août, saison où cette compagnie
ne fait point d'envois. Ces soixante huit
caisses ne sauroient être estimées, vû
qu'il y avoit de l'or, à moins de quatre
millions. Ainsi donc le montant du petit
état qu'on m'a remis va à plus de neuf
millions pour moins de six mois, & doit
par conséquent donner pour l'année entiere plus de dix-huit millions, qui joints
aux vingt millions pour le compte de
la compagnie des Indes forment une exportation annuelle, & en tems de paix,
de plus de trente huit millions en matieres d'or & d'argent ; surquoi je vous prie
de considerer que le connoissement dont
j'ai fait mention ne contient que la car-
gaison de quatorze vaisseaux, & qu'il est
très-rare que la compagnie des Indes
ne fasse pendant le cours d'une année
qu'un aussi petit armement. *

---

* Le commerce des Indes est bon pour les
Hollandois qui possedent un grand & fertile territoire en Asie, & qui n'en ont en Europe qu'un
très-petit, lequel produit peu. Ce commerce, en
le bornant beaucoup, peut aussi être bon pour
les Danois & les Suedois. Mais les autres na-

Vous ne vous attendiez peut être pas, Monfieur, à une exportation fi forte & fi bien prouvée. Mais elle vous paroîtra encore plus forte, lorfque vous ferez attention—1°. Que les auteurs du marchand Anglois, qui écrivoient il y a plus de quarante ans, ne font monter, vol. 2. pag. 4. la balance du commerce de l'Angleterre avec le Portugal, & l'Italie, c'eft-à-dire Livourne, qu'à environ vingt quatre millions par an—2°. Que depuis ce tems les vins du Portugal ont été encore plus en ufage en Angleterre, qu'ils n'étoient auparavant—3°. Que depuis ce tems les Hollandois ont en partie fupplanté les Anglois dans le commerce du Portugal pour les draps de la feconde & de la troifieme efpece, ainfi qu'on le voit dans les caufes de la décadence du commerce extérieur des Anglois, page 159—4°. Que les fabriques établies à Verviers pays de Liege, à Aix la Chapelle, ainfi qu'à Borfetk, Audimont, Eupèn, & autres lieux

tions de l'Europe qui ont un territoire étendu & fertile ne fauroient, fans fe ruiner faire ce commerce, qui ne confifte au fonds que dans des frivolités & des inutilités qu'on va chercher bien loin, & qu'on paye bien cher.

appartenants à l'Imperatrice-Reine dans
le pays de Limbourg ; que ces fabriques
dis-je, ont également fervi à rendre moins
favorable, la balance du commerce des
Anglois avec le Portugal, l'Efpagne, &
Livourne. Le Sr. *****, fabriquant de
****, qui a vifité ces Manufactures dit
pofitivement dans un mémoire à leur é-
gard dont j'ai copie, qu'elles envoyent aujourd'hui beaucoup de leurs draps en Italie, en Efpagne, en Portugal, &c.—5°. Que
nous mêmes, furtout avant la guerre,
nous avons auffi contribué à diminuer en
Portugal, en Efpagne, & en Italie, l'importation de l'Angleterre en étoffes de
laine—6°. Que le vaiffeau de l'affiente ne
rapporte plus rien. La derniere guerre l'a
anéanti, ainfi que le monopole qu'il oc-
cafionnoit en faveur des Anglois. Le commerce d'interloppe avec les Indes Efpagnoles a également diminué de beaucoup
depuis cette guerre—7°. Que l'exportation ci-deffus de plus de trente huit millions par an en matieres d'or & d'argent,
n'eft que celle qui fe fait ouvertement &
licitement ; mais qu'il y en a une autre
très confidérable qui fe fait clandeftinement & illicitement fur les côtes de Bou-
logne, Calais & Dunkerque, & fur celles
de Flandres & de Hollande.

En laiſſant l'Eſpagne à part, il reſte toujours que dans ce que je viens de dire, j'ai marqué différentes cauſes qui doivent avoir operé depuis environ quarante ans, pour faire que le commerce du Portugal, joint à celui de Livourne, ne donne plus à beaucoup près un retour annuel d'environ vingt quatre millions par an en faveur de l'Angleterre. Rappellez-vous maintenant, que j'avois dit auparavant, que pendant la guerre de la ſucceſſion d'Eſpagne, lorſque l'Angleterre ſoudoyoit le Portugal, & entretenoit une armée en Eſpagne, le change avec Liſbonne étoit beaucoup plus favorable à l'Angleterre qu'il n'eſt aujourd'hui. En effet le pair du change pour un milrée Portugais eſt ſoixante ſept deniers ſterling, & un peu plus du quinzieme d'un denier ſterling. Or, lors de la guerre pour la ſucceſſion d'Eſpagne, Londres ne donnoit pour un milrée que de ſoixante à ſoixante deux deniers ſterling ; mais Londres en a donné en 1760 & 1761 de ſoixante cinq à ſoixante ſix deniers ſterling, preuve inconteſtable d'une très grande diminution dans le retour de cette branche du commerce Anglois, puiſque malgré cette guerre, Londres gagnoit de dix à douze pour cent par le cours de fon change avec Lisbonne , & qu'il ne gagne plus aujourd'hui qu'environ trois pour cent.

De toutes ces obfervations , je crois maintenant être en droit de conclure par rapport aux matieres d'or & d'argent, que la balance de leur importation avec leur exportation , ne fauroit être favorable à l'Angleterre ; & c'eft tout ce à quoi j'ai prétendu en entamant cet objet. Sufpendez cependant, Monfieur, votre décifion jufqu'à ce que j'aye achevé de traiter les articles qui me reftent à mettre fous vos yeux. Il ne pourra plus alors vous refter aucun doute. Paffons donc tout de fuite à l'examen de la fabriquation des efpeces.

Suivant le Docteur Davenant, qui avoit travaillé & calculé d'après les regîtres de l'Hôtel des Monnoyes, l'Angleterre avoit avoit vers l'an 1600 environ quatre millions fterling en efpeces monnoyes ; vers l'an 1660 environ quatorze millions fterling ; & en 1688 environ dix-huit millions cinq cent mille livres fterling. *

---

* Depuis 1560 , il n'y a eu en Angleterre aucune altération dans le poids & le titre des monnoyes.

Ces calculs du Docteur Davenant passent
en Angleterre pour être assez exacts ; & il
est certain que depuis 1600 jusqu'en 1688,
la quantité des especes d'or & d'argent
avoit dû s'augmenter beaucoup en Angleterre. — 1°. Les richesses du nouveau monde commencerent à se repandre en Europe vers la fin du seizieme siecle & le
commencement du dix-septieme. Les Anglois , ainsi que les autres peuples , en eurent leur part , surtout des quinze cent
millions de ducats , qui suivant Pufendorff
furent dépensés par l'Espagne pour soutenir la guerre des Pays-Bas. — 2°. Les Anglois ne connoissoient point encore le
commerce des Indes , qui engloutit tant
de matieres d'or & d'argent , & qui est
en quelque maniere l'appauvrissement &
la destruction des terres de plus d'une nation Européenne. — 3°. Dans la premiere
chaleur de la reforme , dans le fanatisme
du Presbyterianisme , qui succeda à cette
chaleur , tout luxe frivole, tout luxe d'ostentation & d'inutilités , avoit été con-
damné & proscrit , & l'on n'avoit admis
que le luxe de l'aisance , de la propreté ,
& de la simplicité : c'est ce qui arrive à l'é-
tablissement de toutes les sectes reforma-
trices. Par conséquent les Anglois pen-

dant cette époque avoient fait une espece
de commerce d'œconomie : ils avoient
vendu plus qu'ils n'avoient acheté , &
avoient mis en reserve le surplus de leur
vente, chose qu'une nation cultivatrice
peut faire sans se nuire à elle-même, lorsqu'il y a d'autres nations dont les principales denrées sont l'or & l'argent. * —
4°. Depuis 1562 on avoit donné en Angleterre la liberté de l'importation & de
l'exportation des grains ; article principal , & *sine quo , non* , pour le bien être
& l'aisance de toute nation qui manie la
charrue ; source principale , & *sine quâ ,
non* , du revenu, des richesses, & de la
puissance dont l'Angleterre jouit en ce
moment. — 5°. Pendant tout le regne de
la Reine Elisabeth , & jusqu'en 1688 ,
l'Angleterre n'a jamais entretenu hors de
chez elle qu'un très petit nombre de trou-

---

* S'il n'y avoit pas des nations dont les principales denrées sont l'or & l'argent, un Etat se
ruineroit en voulant thésauriser , à moins qu'il
ne se hatât d'ouvrir & de repandre son trésor.
Mais comme il y a de ces nations , un Etat peut
thésauriser sans se nuire , pourvû que ce ne
soit qu'à proportion de ce qu'il épargne sur son
revenu territorial.

pes. — 6°. Pendant toute cette même époque, l'Angleterre a pû prêter quelques
fommes à des puiffances étrangeres, mais
elle n'a point accordé de fubfides, & en
a plutôt reçu. Or un Etat puiffant par lui-
même, n'a pas befoin d'en accorder, &
s'appauvrit quand il en accorde ; & tout
Etat qui en reçoit, doit s'enrichir, fi d'ailleurs il fe conduit bien.

Il eft vrai que depuis 1660 le luxe d'oftentation, de frivolités, & d'inutilités
avoit commencé à gagner la Cour ; mais
jufqu'en 1688, *l'infréquence* de la convocation du Parlement avoit empêché que
ce luxe ne pénétrât dans la ville & dans
les provinces ; & la Cour étoit en grande
partie foudoyée par la France. Ainfi les
Auteurs du Marchand Anglois ont eu tort,
vol. premier, page 305 & 306, de fe fier
aux regîtres de la Douanne d'Angleterre ; *

---

* Il y a une nation dans le monde où l'on
tient un état des entrées & forties ; & où l'on
prétend juger d'après cet état de la force du
commerce & de fa balance générale. Mais il
feroit facile de démontrer à cette nation que cet
état, tel qu'il eft, ne fauroit lui donner une
jufte connoiffance de ce qu'elle voudroit favoir ;

de faire un calcul vifiblement faux par
rapport aux marchandifes paffées en contrebande ; & en conféquence de l'une &
de l'autre de ces chofes , de prétendre
qu'en 1686 , il y avoit eu une balance de
commerce due à la France de la part de
l'Angleterre , laquelle montoit à un million cent quatre-vingt dix-fept mille trois
cent trente livres douze fols neuf deniers
fterling. Outre que leur calcul pour le
commerce de contrebande eft , comme
j'ai dit , vifiblement faux , puifqu'il va à
plus de la moitié du commerce licite , &
monte à plus de dix millions de notre préfente monnoye ; outre cela ils n'ont pas
fait attention que la plus grande partie des
marchandifes qui fortoient alors de nos
ports pour paffer en Angleterre , n'étoient
qu'un don de notre Cour pour corrompre
celle de Londres. En voici une preuve :
fuivant les mêmes Auteurs du Marchand
Anglois , vol. III. page 118 , le pair du
change pour foixante fols de France étoit
alors cinquante-quatre deniers fterling ; &

& qu'il eft même très-propre à l'induire dans de
grandes erreurs à l'égard du débit & de la confommation de fes principales denrées & manufactures.

vol. 1. page 318, les mêmes Auteurs nous disent, qu'en 1686, qui est la même année dont ils ont voulu donner la balance, le prix du cours du change étoit de cin- quante-six deniers sterling pour soixante sols de France, ce qui ne fait pour la France qu'un bénéfice d'environ 3 ¾ pour cent. Mais par les feuilles du Sr. Castaign, le bénéfice du change en faveur de la France, alloit le 28 Mars 1729, au moins à onze pour cent ; & il paroit par les mê- mes feuilles que le 3 Février 1740, il pas- soit douze pour cent. Or n'est-il pas cer- tain, que si la balance qui a pû être due à la France en 1729 & 1740, lui a donné onze à douze pour cent de bénéfice par le cours du change ; le bénéfice de 1686, loin d'être deux tiers moindre, auroit dû être plus fort, si la balance de cette même année 1686 avoit été réellement de plus de vingt-huit millions de notre présente monnoye, comme la représen- tent les Auteurs du Marchand Anglois ; & quand même elle n'auroit été réelle- ment que d'environ dix-huit millions, à quoi elle se trouve réduite, lorsqu'on fait abstraction de tout l'article que ces au- teurs ont mis en ligne de compte pour la contrebande ? Il y a donc eu de l'erreur

de

de la part de ces auteurs, même dans le dernier cas ; & cette erreur ne peut venir que de ce qu'en 1686, la plus grande partie de l'importation qui se faisoit de France en Angleterre, n'étoit qu'un don de la France, qui par conséquent ne formoit point d'objet dans la balance générale du commerce entre les deux nations.

Ce n'est qu'à la révolution de 1688, que l'Angleterre a commencé à se plonger dans de grandes dépenses de toute espece. D'abord elle ne connut que celle d'accorder de légers subsides, & de maintenir de nombreuses troupes hors de chez elle, sans jamais parvenir à les faire subsister aux dépens de l'ennemi, ce qui est l'article principal du grand art de la guerre. Ces troupes à leur retour lui apporterent le luxe de faste. La convocation du Parlement étant devenu annuelle, l'affluence des femmes, qui suivirent leurs maris dans la capitale, eut bientôt fait dégénérer ce luxe de faste, en un luxe d'ostentation & de frivolité qu'elles firent pénétrer jusques dans les provinces & dans les campagnes. Dès 1698, une compagnie de Marchands prêta à l'Etat une somme d'environ quarante - huit millions de livres tournois, à huit pour cent d'intérêt, bien

G

hypothequés par acte du Parlement ; & en
récompenfe du fervice fignalé qu'elle ren-
doit à la patrie, elle obtint, pour dix-fept
ans affurés , le privilege exclufif de tout
le commerce des Indes Orientales. Cette
compagnie , qui par de nouveaux fervices
a enfin mérité de rendre fon privilége en
quelque maniere indeftructible , autrement que par une révolution ou une banqueroute ; cette compagnie , dis-je , a introduit dans toute la nation le luxe ftu-
pide du thé , & d'autres pareilles inutilités
exotiques , difpendieufes , & pernicieufes.
Après l'établiffement de cette compagnie,
& à la guerre pour la fucceffion d'Efpagne , l'Angleterre , non-feulement , continua d'avoir hors de chez elle de gros
corps de troupes qu'elle ne fçut jamais faire fubfifter aux dépens de l'ennemi ; mais
elle commença auffi à accorder des fubfides confiderables à des puiffances étrangeres , & depuis ce tems elle n'a pas ceffé
d'en accorder.

Toutes ces chofes, & d'autres trop longues à énumerer , font caufe , que quoiqu'il foit certain que depuis la révolution
de 1688 l'Angleterre a beaucoup augmenté fon revenu territorial fans augmenter le nombre de fes habitans , elle n'a

cependant pû faire fur ce revenu aucune
épargne dont le montant foit refté dans la
nation ; & n'a pas pû augmenter la maffe
de fes matieres d'or & d'argent. Au contraire elle a non - feulement confommé
tout ce qui en eft entré chez elle d'une
maniere ou autre ; mais elle a auffi confommé une partie de ce qu'elle avoit déjà;
& elle a même engagé & hypothequé fon
revenu territorial pour pouvoir faire face à
fes différens genres de dépenfes. Je vous
prie même d'obferver, Monfieur, que tout
ce qu'elle a engagé & hypothequé à l'étranger eft en pure perte pour elle , & que
tout ce qu'elle a engagé & hypothequé
aux nationaux , a fervi à augmenter la
force du mal. En effet , cette derniere
partie a créé chez elle une race d'hommes connus fous le nom de gens à porte-
feuille ; race toujours ardente à imiter les
frelons qui dévorent le miel des abeilles
induftrieufes ; race ennemie de la charrue , des propriétaires en fonds de terre ,
& du vrai commerce de la nation ; race
enfin qui dans un Etat eft toujours une
pefte publique , ou parce que vivant dans
une avarice vile & fordide , elle ne cherche nuit & jour qu'à accumuler fon or
pour en groffir fon porte-feuille , & en

augmenter le fardeau de l'Etat , ou parce
que vivant dans l'opulence, l'oifiveté &
la moleffe , elle eft incapable de lever le
bras pour défendre la patrie , & n'eft propre qu'à femer par tout le faux luxe d'oftentation & de frivolité , qu'à corrompre
le goût & les mœurs de la nation , qu'à
énerver l'efprit , le cœur , l'ame , & le
corps.

Ainfi , quoiqu'en 1688 il y eût déjà en
Angleterre dix-huit millions cinq cens
mille livres fterling en efpeces monnoyées;
quoique le revenu territorial allât toujours en augmentant fans que le nombre
des habitans s'augmentât ; quoiqu'il y eût
toujours des nations dont les principales
denrées fuffent l'or & l'argent; cependant
on ne trouva à la refonte générale , faite
en 1696 , que la même fomme de dix-
huit millions cinq cent mille livres fterling en efpeces monnoyées. En même-
tems , quoique la nation ne dût rien en
1688 , cependant fon revenu territorial
étoit déjà engagé & hypothequé au commencement de 1702 pour répondre d'un
capital de plus de dix millions fterling portant intérêt , & dont une partie étoit dûe à
l'étranger.

Depuis cette refonte générale jufqu'à

la mort du Roi Guillaume arrivée le 18
Mars 1702, ce qui comprend euviron
deux ans de guerre, & quatre années de
paix, on a fabriqué

pour . . . . 2,444650 l. 13 f. 00 d. ft.

Pendant le regne
de la Reine Anne,
qui a duré treize ans
&presque cinq mois,
& pendant lequel la
guerre a peu cessé
d'être allumée, on n'a
fabriqué que pour... 3,136,225,10:3 :

George I. décédé
le 11 Juin 1727, a
regné près de treize
ans. Sous son regne,
l'Angleterre a tou-
jours joui de la paix
excepté pendant la
courte rupture avec
l'Espagne en 1727;
& elle a en même-
tems profité du gain
particulier, fourni,
tant par le vaisseau
de l'Assiente, que
par le commerce
d'interloppe avec les 5,580,876 l. 3 f. 3 d. ft.

De l'autre part ci... 5,580,876 l. 3 f. 3 d. ſt.

Indes Eſpagnoles.
Auſſi a-t-elle fabri-
qué ſous ce regne
pour .... 8,725,921 : 15 : 6 :

Depuis le com-
mencement du regne
de George Second,
juſqu'au 31 Décemb.
1748, il y a vingt-un
an, ſix mois, quelques
jours. Or quoique
pendant tout ce tems
il y ait eu plus de
paix que de guerre,
& que pendant la
paix le commerce
du vaiſſeau de l'Aſ-
ſiente, & celui d'in-
terloppe avec les
Indes Eſpagnoles,
ayent été à leur plus
haut point ; quoique
pendant ce tems on
ſe ſoit emparé du
riche vaiſſeau d'A-
quapulca, on n'a pour 14,366,797 : 18 l. 9 d.

De l'autre part, ci ... 14,306,797,16 f. 9 5 d.

tant fabriqué que
pour . . . . 4,916,450 : 2 : 6 :

Total de la fabri-
cation des efpeces
depuis la refonte gé-
nérale en 1696, juf-
qu'au 31 Décembre
1748 . . . . 19,223,248 l. 1 f. 3 d. ft.

Voilà, Monfieur, en cinquante-deux
ans une forte fomme. Elle va, année
commune, à près de neuf millions de livres tournois ; mais ne croyez pas que le
commerce aît contribué en rien à toute
cette fabrication d'efpeces.

1°. C'eft au 31 Décembre 1748 que
j'ai terminé l'état de cette fabrication ;
& il faut obferver, Monfieur, qu'au 31
Décembre 1749, l'Angleterre devoit
foixante-quatorze millions deux cent
vingt-un mille fix cent quatre-vingt-fix
liv. dix fols onze deniers un quart fterling,
& qu'au 31 Décembre 1750 elle devoit
foixante-quinze millions vingt-huit mille
huit cent quatre-vingt-fix livres dix fols
onze deniers un quart fterling. Prenez la
G iv

moindre de ces deux sommes , il faudra
toujours que vous m'accordiez que l'Angleterre en avoit emprunté environ trente
millions sterling chez les étrangers. Effectivement , Sir Mathieu Decker qui écrivoit en 1740, lorsque la dette nationale
ne montoit pas encore à cinquante millions sterling , dit , page 65 , qu'on comp-
toit déja que l'Angleterre avoit emprunté
vingt millions sterling de l'étranger ; &
après la derniere guerre ces vingt millions , en suivant la même proportion ,
doivent avoir monté à trente ou environ.
Or comme de maniere ou autre cet emprunt de trente millions ou environ n'a
pû être , ou remis , ou laissé en Angleterre
qu'en matiere d'or ou d'argent , il est bien
plus que suffisant , quand même on le ré-
duiroit à vingt-cinq millions , pour absor-
ber tout le montant de la fabrication depuis la refonte générale jusqu'au dernier
Décembre 1748. Ce seul article enleve
donc tout ce que le commerce , dans le
sens que vous l'entendez , voudroit revendiquer sur la fabrication des especes ,
comme faisant partie d'un profit national
procuré par son moyen. Il donne même
lieu de reprocher au commerce de n'a-
voir pas pû empêcher que le revenu ter-

ritorial n'ait été engagé & hypothéqué pour le payement des intérêts d'un aussi fort capital que celui d'environ quarante-cinq millions sterling aux nationaux, & d'environ trente millions sterling à l'étranger. Il auroit dû au moins épargner le dernier, si par sa nature il étoit tel que vous pensez.

2°. En Angleterre, l'Hôtel des Monnoyes, loin de rien prendre pour les frais de la fabrication, est au contraire chargé de refabriquer les monnoyes qui ont perdu de leur poids en servant dans les échanges, & de leur donner le poids porté par la loi. C'est la nation qui paye ces frais & cette refabrication ; & depuis environ quatre-vingt ans, elle a affecté un fonds particulier pour défrayer cette partie de sa dépense. Par conséquent sur les dix-neuf millions, &c. fabriqués depuis 1696, il y a encore à rabattre tout ce qui peut n'avoir été que refabriqué.

3°. La loi veut que l'Hôtel des Monnoyes, en ne faisant rien payer aux particuliers pour les fraix & droits de fabrication, donne pour une once d'argent, poids & titre d'Angleterre, soixante deux deniers sterling, & pour une once d'or, même poids & même titre, trois livres

dix-huit fols fterling. Mais le prix que la
loi a fixé pour l'argent eft proportionnel-
lement trop bas vis-à-vis de l'or, parce-
qu'elle n'y a pas gardé la proportion ob-
fervée par les nations voifines. Chez nous,
par exemple, la proportion de l'or avec
l'argent n'eft que d'environ 1 à 14 $\frac{1}{2}$, tandis que chez les Anglois elle eft d'envi-
ron 1 à 15 $\frac{1}{5}$, ce qui fait qu'en Angleterre l'argent eft en proportion de l'or
environ 4 $\frac{1}{2}$ pour cent moins qu'en France.
De-là il eft arrivé que les Juifs, banquiers, & autres, ont enlevé en Angleterre les efpeces d'argent, qui lors de
la refonte de 1696 montoient, fuivant
le Docteur Davenant, à plus de neuf millions fterling. Dès 1728 il n'y en avoit
prefque plus; & au moment préfent,
comme vous en aurez ci-après une preuve
authentique, elles font de la plus grande
rareté. Or cet enlevement des monnoyes
d'argent eft encore une des principales
caufes qui depuis 1696 ont enflé en Angleterre la fabrication des efpeces, puifqu'on n'a pû enlever cet argent mon-
noyé fans lui fubftituer de l'or. Mais la
fabrication particuliere d'une fomme en
ôr pour remplacer une fomme enlevée
en argent, cette fabrication, dis-je, n'eft

nullement un figne que l'Angleterre ait vendu plus qu'elle n'a achetté, ni que fa recette générale ait été plus forte que fa dépenfe générale, & encore moins que le produit de fon commerce aît ajouté la moindre chofe à fon revenu territorial de 810 millions, ou de telle autre fomme dont il puiffe être compofé. Au contraire cette partie de la fabrication a été pour la nation une perte réelle d'environ $4\frac{1}{2}$ pour cent fur toutes les efpeces d'argent qu'on lui a ainfi enlevées. Il eft même certain que fur les dix-neuf millions fterling, &c, fabriqués depuis 1696, il faut entierement défalquer tout ce qui a pû être fabriqué en or pour remplaeer environ huit millions fterling enlevés en efpeces d'argent.

Il s'en faut donc bien Monfieur, que le commerce de l'Angleterre aît eu la moindre part dans les dix-neuf millions, &c, fterling, frabriqués depuis la refonte générale de 1696 jufqu'au 1 Décembre 1748 ; & qu'il ait par conféquent fervi à augmenter les fignes repréfentatifs des richeffes réelles. Comment y auroit-il eu part ? Il n'a même pû conferver dans la nation, ni les matieres d'or & d'argent qui y font entrées par les emprunts faits chez l'étranger, ni aucunes des matieres d'or

& d'argent qui font entrées par les échanges faits fur les côtes occidentales de l'Afrique, dans les pays de la domination Portugaife & dans ceux de la domination Efpagnole. Il n'a pas même pû retenir dans la nation la valeur des fignes repréfentatifs qui exiftoient lors de la refonte générale de 1696. La valeur de ces fignes n'eft plus auffi forte qu'elle étoit alors. Les Anglois en général conviennent eux-mêmes que de dix-huit millions cinq cent mille livre fterling elle eft tombée à environ quatorze millions fterling où elle étoit en 1660. C'eft donc le revenu territorial qui feul fait face à tout , même aux fraix du commerce, & aux profits des commerçans. Peut-être n'en doutez-vous plus ; mais je dois vous le prouver encore par une nouvelle preuve, par celle qui doit être regardée comme la véritable pierre de touche.

Si les matieres d'argent entroient en Angleterre auffi facilement qu'elles en fortent , leur prix fur la place fe tiendroit dans une proportion à peu près égale avec celui qu'elles ont à l'Hôtel des Monnoyes, où l'on ne retient ni fraix ni droits de fabrication , & où pour cent onces de matieres au tître d'Angleterre on rend cent onces d'efpeces monnoyées au même

tître. Ainfi , en ayant même égard au dé-
faut de la loi qui fixe le prix de l'argent
environ quatre & demi pour cent trop
bas , les matieres d'argent ne devroient
valoir ordinairement fur la place qu'environ ces quatre & demi pour cent de
plus qu'à l'Hôtel des Monnoyes ; mais elles y valent bien d'avantage. En effet ,
l'Hôtel des Monnoyes n'en donne que
foixante deux deniers fterling l'once ;
& depuis plus de vingt ans , elles fe vendent couramment & communément de
foixante - fept deniers fterling à foixante-
fept deniers & demi l'once , ce qui eft
environ huit pour cent plus qu'à l'Hôtel
des Monnoyes , & environ trois pour
cent & demi plus qu'elles ne devroient
valoir fur la place en gardant toute jufte
proportion avec les nations voifines. Il
n'eft donc point étonnant que prefque toutes les efpeces d'argent ayent été enlevées
en Angleterre malgré les prohibitions &
les loix pénales. Dans de pareils cas les
les prohibitions & les loix pénales n'em-
pêchent jamais le mal. Elle ne fervent gueres qu'à faire de tems en tems punir des
hommes , qui au fonds ne font que de
malheureufes victimes des fautes du gouvernement. Quand un état eft bien gou-

verné , il eſt extremement rare qu'on y
commette des crimes. La peine même
du gibet n'a donc pas empêché en Angleterre qu'on n'ait fondu & exporté toutes
les monnoyes d'argent qui par le poids
qu'elles conſervoient encore en ont valu
la peine ; & en conſéquence ces monnoyes y ſont devenües ſi rares, qu'en
1759 il a été propoſé d'y ſupléer par des
monnoyes d'étain , & que la propoſition
en a été faite par un citoyen reſpectable,
à qui la nation , pour recompenſer ſes
vertus vraiment patriotiques , a depuis
pluſieurs années élevé une ſtatue dans la
bourſe de Londres. Les matieres d'argent
ſortent donc infiniment plus vîte qu'elles
n'y entrent , puiſque le prix qu'on en donne
atteſte viſiblement qu'on s'empreſſe d'en
avoir pour les exporter. On en a donc
bien beſoin pour ſolder la balance due à
l'étranger , & pour empêcher le prix du
cours du change de monter trop haut.
Mais comme il y a certainement de la
perte à acheter ces matieres à un ſi haut
prix pour parachever la ſolde du compte,
comme cette perte ne ſauroit aucunement
tomber ſur les commerçans qui ceſſeróient
de commercer s'ils perdoient ; il faut néceſſairement qu'elle tombe ſur le revenu

particulier des propriétaires en fonds de terre.

La grande fortie des matieres d'argent hors de l'Angleterre n'eft pas fuffifante pour folder la balance du compte de la nation avec l'étranger. Les matieres d'or fortent également bien plus vîte qu'elles n'entrent. Leur prix à l'Hôtel des Monnoyes eft de trois livres dix-huit fols fterling l'once. Cependant il y a déjà environ trente ans qu'au milieu de la paix elles valoient communément fur la bourfe quatre livres fterling l'once, cé qui étoit environ deux & un quart pour cent plus qu'elles n'auroient dû valoir fi elles n'avoient pas été rares. Or ce profit étoit dès-lors aftez attrayant, non-feulement pour empêcher qu'on ne portât fon or à la Monnoye pour y être fabriqué, mais encore pour engager les banquiers, Juifs, & autres, à fondre en lingots, quoiqu'au rifque du gibet, les efpeces d'or déja frappées au coin d'Angleterre. La néceffité de folder fon compte, le haut prix des fimples matieres d'or & d'argent, le haut prix du change furtout avec la France, engageoient auffi les banquiers, Juifs, & autres, à exporter les guinées, fans les fondre, au hazard de la confifcation portée dans ce cas là par la

loi. *Depuis ce tems, le prix des matieres d'or a augmenté sur la bourse. Il y est
monté à quatre livres trois deniers sterling l'once, ce qui le met à deux & demi
pour cent au-delà de ce qu'il est à la Monnoye ; & quelque petite que soit cette
augmentation, elle est toujours une marque que la rareté des matieres d'or a augmenté plutôt que de diminuer, & que leur
exportation, même de celles qui sont déjà
frappées au coin d'Angleterre, loin de
cesser, a acquis un degré de force de plus.

Si l'or ne se vend sur la bourse de Londres que deux & demi pour cent au-dessus
de ce qu'il vaut à la Monnoye ; & si l'argent, quoiqu'il y ait plus de difficulté à
l'exporter, se vend néanmoins trois &
demi pour cent, outre & par dessus les
quatre & demi pour cent de fausse proportion mise par la loi en faveur de l'or &
au préjudice de l'argent ; il est juste de
vous rendre raison de cette différence.—
1°. On transforme en vaisselle pour une
bien moindre valeur en or, qu'on ne fait
en argent. — 2°. L'Angleterre est située à
l'Occcident,

---

* Voyez l'Essai sur la nature du commerce en
général page 347.

l'Occident ; & il y a toujours plus de profit à voiturer de l'argent de l'Occident en Orient que d'y voiturer de l'or. — 3°. L'Angleterre a un grand commerce dans les Indes , qui exige tous les ans une exportation très confiderable en argent : elle perdroit trop à y importer de l'or. — 4°. Les mines d'or de Portugal font devenues plus abondantes ; & fi les mines d'argent de l'Efpagne produifent toujours autant qu'elles faifoient , il eft certain qu'elles ne produifent pas davantage. — 5°. Le commerce des Anglois avec le Portugal , & avec les côtes Occidentales de l'Afrique, leur rend plus en or , que celui de l'Efpagne ne leur rend en argent.

Voilà , Monfieur, la grande pierre de touche dont je vous ai parlé , & que l'Anglois Cantillon a reconnue & annoncée dans fon Effai fur la nature du commerce en général , pages 344 & fuivantes. Or les épreuves infaillibles de cette pierre de touche font vifiblement contre l'Angleterre. Ainfi de tout ce que j'ai dit , foit fur le cours du change entre Londres & les grands comptoirs de l'Europe , foit fur l'importation & l'exportation des matieres d'or & d'argent , foit fur la fabrication des efpeces , foit enfin fur le haut

H

prix que les matieres d'or & d'argent ont
depuis long-tems fur la Bourfe, en compa-
raifon de celui qu'elles ont à l'Hôtel des
Monnoyes qui ne retient ni fraix ni droits
de fabrication : de tout cela enfemble il
doit certainement réfulter — 1°. Que quoique l'Angleterre aît un grand commerce
avec des peuples & des nations dont les
principales denrées font l'or & l'argent,
elle ne tire pourtant pas de ce commerce,
ni en tems de guerre, ni même en tems
de paix, autant d'or & d'argent qu'il lui
en faut pour folder fon compte avec les
autres peuples & les autres nations. — 2°.
Que pour folder ce compte, elle a été
obligée d'envoyer hors de chez elle toutes les matieres d'or & d'argent qui y font
entrées, ou qui auroient dû y refter par les
emprunts confiderables qu'elle a faits chez
l'étranger, & pour lefquels fon revenu
territorial eft refté engagé & hypotequé
à la charge & en diminution du revenu
particulier des propriétaires en fonds de
terre. — 3°. Que pour folder ce compte, on
a auffi enlevé hors de chez elle une partie
des efpeces d'or & d'argent qu'elle avoit
lors de la refonte générale de 1696, laquelle partie les Anglois eux-mêmes font
aller à environ quatre millions cinq cent

mille livres fterling.—4°. Que fa dépenfe générale eft par conféquent beaucoup plus forte que fa recette générale. — 5°. Que quoiqu'en tems de guerre les emprunts faits chez l'étranger puiffent rendre les matieres d'or & d'argent un peu moins rares chez elle, comme il arriva pendant la guerre derniere ; cependant, fi elle ne monte pas fon commerce différemment, fi elle n'épargne pas fur fon revenu terri-torial , & qu'elle continue d'acheter au-rant qu'elle fait , fans vendre d'avantage , ou qu'elle ne mette pas un meilleur ordre dans fes finances ; il faut toujours qu'à la paix ces matieres d'or & d'argent rede-viennent auffi rares qu'auparavant , & même plus , parce que devant davantage aux étrangers , il faut leur payer annuel-lement une plus forte fomme en intérêts, ainfi qu'il eft arrivé après la guerre der-niere. — 6°. Qu'il y a auffi à confiderer , qu'outre la fomme pour laquelle le revenu territorial eft engagé & hypothequé à des étrangers , il eft de plus engagé & hypo-théqué à des nationaux pour une autre fomme bien plus confidérable , ce qui à la fin ne peut que remplir la nation de mauvais citoyens, dont les uns le de-viennent par défefpoir , parce qu'on ne

leur laiffe rien , & les autres par baffeffe
d'ame & par infolence , parce qu'ils ont
tout , & parce que , comme difoit fort bien
Sir Robert Walpole , mort Comte d'Or-
ford , ils ne font gueres que des parvenus ,
des *Upftarts* : c'eft fa propre expreffion.

Peut-être , Monfieur , direz-vous — 1°.
qu'en comprenant la rupture avec l'Efpagne en 1727 , il y a eu 32 années de
guerre parmi les foixante-trois qui fe font
écoulées depuis le commencement du regne du Roi Guillaume jufqu'au 31 Décembre 1750 , jour où la nation devoit
plus de 75 millions fterling — 2°. Que les
dépenfes de ces trente-deux années de
guerre ont été fi prodigieufes que fi l'Angleterre n'avoit eu que les 810 millions
tournois de revenu territorial que j'ai
accordés , & fi fon commerce n'avoit
beaucoup ajouté à ce revenu , elle fe
feroit vûe en 1750 débitrice d'une fomme bien plus confiderable que celle de
ces 75 millions fterling — 3°. Qu'il faut
par conféquent paffer en produit , fur le
compte du commerce , tout ce qu'alors
elle ne devoit pas de plus. — 4°. Que vous
êtes d'autant plus fondé à me preffer fur
cet article , que je fuis convenu que les
mefures dont je me fuis fervi pour con-

noître les pertes & profits de la nation
Angloife, ne comprennent pas feulement
le commerce, mais embraffent auffi la
balance générale de la recette & de la
dépenfe, de quelque nature que foient
celles-ci : à quoi j'ai ajouté qu'il n'étoit
nullement difficile de faire enfuite abftraction de toute la recette & de toute la
dépenfe qui ne regardent pas le commerce.

Il faut donc ne rien laiffer ici en ar-
riere, & détruire entierement toutes ces
objections afin qu'il ne refte plus aucun
doute dans votre efprit. Or pour arriver
à ce grand point, j'ai d'abord mis à part
toutes les années de paix, en obfervant
cependant de retrancher des dépenfes
faites dans ces tems heureux, toutes les
fommes qui ont pû être accordées en
fubfides à des puiffances étrangeres : il
eft jufte de les faire entrer dans les dépenfes de la guerre. Enfuite j'ai fait une
recherche auffi exacte que j'ai pû de toutes les dépenfes militaires de l'Angleterre, tant par terre que par mer pendant les quatre guerres qu'elle a eu depuis la révolution de 1688 jufqu'au dernier Décembre 1750. D'après cette recherche j'ai trouvé que les dépenfes mi-

litaires pendant les dix années de guerre fous le Roi Guillaume ont monté à environ . . . . . . 55,000,000 : ft.

Celles des onze années de guerre fous la Reine Anne à environ. . . . . . 69,000,000 :

Celles de la rupture avec l'Efpagne en 1727 à environ. . . 2,800,000 :

Celles des dix années de la derniere guerre, tant avec l'Efpagne qu'avec la France à environ . . . . 60,000,000 :

Enfin les fubfides accordés en tems de paix à des puiffances étrangeres à environ.. 1,500,000 :

Lefquelles fommes , faifant année commune au-de-là de cinq millions cinq cent mille liv. fterling, font toutes enfemble la fomme d'environ... 188,300,000 : l. ft.

Toute cette fomme énorme a été réellement & entierement payée aux dépens
des propriétaires en fonds de terre , &
même beaucoup au de-là, parce qu'ils ne
l'ont pas payée directement , & qu'elle a
été prefque toute levée par des impôts
mis fur la confommation. C'eft ce que
j'aurai lieu de vous prouver bien folide-
ment , & ce ne fera pas par des raifon-
nemens de fpeculation ; ce fera , ainfi
que je vous l'ai annoncé au commencement , par des faits réels & exiftans actuellement en Angleterre même. Mais ne
penfez pas , Monfieur , que toute cette
fomme doive entrer dans la partie du revenu territorial dont la guerre a empêché
la nation de jouir. Quoique le revenu
particulier des propriétaires en ait fup-
porté la dimunition entiére, & même beaucoup au de-là , il y a certainement eu
une partie très confiderable de cette
fomme qui ayant été dépenfée dans la
nation , n'a pas ceffé de faire partie du revenu territorial. La nation n'a jamais ceffé
d'en jouir, d'autant plus que ceux qui ont ex-
ploité les terres, n'ont été ni fpoliés , ni ve-
xés en aucune maniere, foit pendant la paix,
foit pendant la guerre. Ils n'ont eu à redou-
ter ni le foldat , ni le publicain , ni le fe-

gent. Les terres ont toujours rapporté ce
qu'elles pouvoient raifonnablement donner ; & ceux qui les ont exploitées ont
toujours retiré leurs fraix , avances , &
juftes profits , fans quoi la terre n'enfante plus de richeffes , & l'État s'appauvrit. Il faut donc déduire , fur la fomme
ci-deffus d'environ cent quatre - vingt huit
millions trois cent mille livres fterling ,
tout ce qui ayant été dépenfé dans la
nation , n'y a fait que paffer d'une main à
l'autre ; & il ne faut regarder comme perte nationale que ce qui a été dépenfé au
dehors , tant pour les fubfides accordés
aux Princes étrangers ; que pour l'entretien des armées de terre foudoyées fur
le continent & dans les Colonies ; & pour
les dépenfes extérieures & extraordinaires
de la Marine. Partant donc de là , j'ai
cherché à découvrir quelles ont pû être
les dépenfes faites au dehors ; & j'ai facilement trouvé celles qui concernent
les fubfides & l'entretien des troupes de
terre. Il m'a fallu plus de travail pour
avoir les dépenfes extérieures & extraordinaires de la Marine ; & même je n'ai
pû les obtenir que par eftimation , à peu-
près comme un Navigateur parvient ,
dans des tems favorables , à connoître

la longitude qu'il cherche. Vous allez juger que je ne faurois m'être écarté du vrai par rapport à cette partie que je vais difcuter & fixer avant de vous donner le total de ce qui feul doit être confideré comme une perte nationale.

Depuis le 31 Décembre 1738 jufqu'au 31 Décembre 1750, le Parlement n'a accordé que la fomme d'environ deux millions fept cent mille livres fterling pour les fraix de conftruction, d'artillerie, de ports, d'hôpitaux, de bureaux, & autres dépenfes quelconques concernant la Marine, excepté celle des bâtimens de tranfport, & celle de la paye & entretien des gens de Mer, tant Officiers que Matelots. J'obferverai en même-tems, qu'à caufe des reliquats des années précédentes, ce qui a été accordé dans cette partie pour l'année 1750 a été bien plus fort, quoique la paix fût faite, que ce qu'on avoit accordé pendant les années de guerre. Or cette fomme de deux millions fept cent mille livres fterling ne donne, année commune, pour les douze années de cette époque qu'un peu plus de deux cent huit mille livres fterling. Par conféquent, & attendu que *la conftruction & la mâture* font comprifes dans cette fomme,

je ferois fondé à ne pas paffer plus de
deux cents milles livres fterling , année
commune , pour les dépenfes extraordinaires & extérieures de la Marine pendant les trente deux années de guerre qu'il
y a eu depuis la révolution de 1688 jufqu'au 31 Décembre 1750. Neanmoins j'en
pafferai deux cent cinquante mille par
an , autrement environ fix millions tournois ; & quoique ce foit certainement
trop , je partirai de là pour former le total du montant des dépenfes extérieures.

Sous le Roi Guil-
laume ces dépenfes
extérieures ont été à
environ. . . . .   20,500,000 : ft.

Sous la Reine An-
ne , à caufe de l'ar-
mée entretenue en
Portugal , & en Ef-
pagne , laquelle en
1710 a couté jufqu'à
un million cinq cent
mille livres fterling ,
ces mêmes dépenfes
ont été à environ..   35,500,000 :

Et fous les Rois _____
George premier &   56,000,000 : ft.

De l'autre part , ci ..   56,000,000:ſt.

George ſecond , juſ-
qu'au 31 Décembre
1750 , elles ont été
à environ . . .   24,000,000:

Total des dépen-
ſes faites hors de
l'Angleterre , tant
pour les ſubſides ac-
cordés aux Puiſſan-
ces étrangeres , que
pour l'entretien des
armées de terre ſur
le Continent & dans
les Colonies , & y
compris les dépenſes
extraordinaires & ex-
térieures de la Mari-
ne , environ . . .   80,000,000 l. ſt.

Voilà donc , Monſieur , d'un côté la
ſomme d'environ quatre - vingts millions
ſterling pour toutes les dépenſes extérieures juſqu'au même jour 31 Décembre
1750. D'un autre côté vous avez vû qu'au
même jour 31 Décembre 1750, la nation
devoit plus de ſoixante - quinze millions
ſterling , & que ſur les ſignes repréſenta-

tifs qu'elle poſſedoit en 1688 & en 1696, elle avoit perdu environ quatre millions cinq cent mille livres ſterling, leſquelles deux dernieres ſommes, font enſemble celle d'environ ſoixante dix-neuf millions cinq cent mille livres ſterling, qui dans un calcul tel que celui où je ſuis entré, doit être regardé comme équivalente aux quatre-vingt millions ſterling de dépenſes extérieures.

Une balance ſi égale entre les dépenſes extérieures d'un côté, la dette de la nation, & la perte ſur la maſſe des eſpeces monnoyées de l'autre, a droit de vous ſurprendre ; & quoi qu'il en ſoit, elle doit vous ſervir de nouvelle preuve en confirmation de celle que j'ai déja donnée pour établir que le commerce de l'Angleterre ne rend rien au de-là de la valeur du revenu territorial ; & que quand on a donné cette valeur, on a tout dit. Cependant vous avez encore deux objeĉtions à me faire.

1°. Vous avez droit de dire que je peux m'être trompé en formant l'état des dépenſes exterieures, & que je les ai miſes trop bas.

2°. Vous avez droit d'objeĉter que je n'ai fait aucune attention aux intérêts que l'Angleterre a payés aux étrangers pour les fommes qu'elle en a empruntées depuis 1688 ; & qu'en partant de mes propres principes, les fommes formées par ces intérêts n'ayant point été dépenfées dans la nation, elles n'ont point fait partie du revenu territorial dont elle a joui, & n'ont pû être que le produit des profits qu'elle a faits par fon commerce.

J'ai peu de chofe à répondre à la premiere objection. Je dirai feulement — que j'ai eu foin d'eftimer les dépenfes extérieures plûtôt plus que moins. — Que j'ai même lieu de penfer & d'affûrer que je les ai portées trop haut, foit en paffant trop pour la Marine, foit en ne défalquant rien de ce que le Parlement a accordé pour des fubfides, & pour l'entretien des troupes au-dehors, quoiqu'il foit certain qu'une partie des fommes ainfi accordées refte toujours de maniere ou autre dans la nation — Que par exemple l'habillement des troupes foudoyées au-dehors forme une dépenfe qui fe fait prefque en entier dans la nation, & qui eft même profitable pour elle au point de faire un objet à confiderer & à diminuer en faveur des propriétaires en fonds de terre — Que de plus il y a auffi les profits des ban-

quiers & autres entrepreneurs nationaux
qui doivent entrer en confideration — Enfin que mes calculs font faciles à véri-
fier , les ayant puifés dans l'hiftoire imprimée de la dette de l'Angleterre , &
dans les réfolutions imprimées du Parlement ; & que pour cette vérification ,
j'en appelle à cette hiftoire , à ces réfolutions , & à toute la nation Angloife.

Quant à la feconde objection , elle eft
entierement d'un autre genre ; & il faut
abfolument la détruire. Pour cet effet ,
& pour commencer à vous faire entre-
voir les caufes de votre erreur fur la nature du commerce , je vais entreprendre
de mettre fous vos yeux le Bilan général
& raifonné de l'Angleterre depuis 1600
jufqu'au 31 Décembre 1761 ; & afin de
marcher avec ordre , & que vous puiffiez
mieux juger de ce que j'ai à dire , je di-
viferai toute cette longue fuite d'années
en fept différentes époques que l'hiftoire
d'Angleterre a pris foin elle - même de
marquer & de diftinguer. Si je repete certaines chofes , le fujet l'exigera : d'ailleurs ce ne fera que pour les mieux développer , & mieux établir la vérité.

La premiere époque embraffera depuis
1600 jufqu'au rappel de Charles fecond
en 1660.

La feconde ira depuis ce rappel jufqu'à la révolution de 1688.

La troifieme commencera à cette révolution & finira au 25 Mars 1702, peu de jours après la mort du Roi Guillaume.

La quatriéme prendra depuis le 25 Mars 1702 jufqu'au 14 Mars 1716.

La cinquieme renfermera les vingt-trois années qui fe font écoulées depuis le 14 Mars 1716 jufqu'au 31 Décembre 1738.

La fixieme préfentera toute la derniere guerre qui a commencé en 1739 ; & elle s'étendra jufqu'au 31 Décembre 1750.

Enfin la feptiéme contiendra depuis le 1 Janvier 1751 jufqu'au dernier Décembre 1761.

Premiere Epoque.

En 1600 regnoit en Angleterre une femme extraordinaire qui avoit peu des foibleffes de fon fexe , & qui montra fur le trône les plus grandes vertus du nôtre. Il y avoit quarante-deux ans qu'Elifabeth portoit le fceptre des Anglois avec une majefté & une fageffe dignes de fervir d'exemple à tous ceux que la Providence charge de gouverner les nations, en commettant entre leurs mains le fuperbe Office de Roi fi pénible à bien remplir , fi amer pour qui s'en acquitte mal.

Il y avoit auffi en 1600 près de quarante ans que cette grande Princeffe , en établif-fant la liberté du commerce des grains, avoit banni le monopole qui ruinoit le peuple , & avoit commencé à affranchir l'Angleterre du pefant tribut qu'elle étoit auparavant obligée de payer aux étrangers pour les grains qu'elle en tiroit. Je l'ai déjà marqué au commencement de ma lettre : Sir Walter Raleigh nous apprend que ce tribut étoit très fort ; & l'hiftorien Camden nous dit, que la nouvelle loi d'E-lizabeth excita par tout au labourage.

En 1552 les Capitaines Willoughby & Chandler avoient pénétré dans la mer blanche ; mais Willoughby avoit péri dans les glaces, & Chandler feul étoit arrivé à Archangel. Cette efpece de nouvelle découverte fut fuivie ; & en 1556 le Capitaine Burroughs fut à Archangel , où il forma un comptoir Anglois, qui en 1569 donna lieu de faire un traité de com-merce avec Jean Bafilowitz , Grand Duc de Ruffie. Or dans les commencemens ce commerce fut favorable. L'Angleterre qui n'avoit à faire qu'avec des peuples

nouveaux

nouveaux & ignorans, vendoit cher & achetoit bon marché. D'ailleurs, n'ayant point encore élevé un monopole contre elle-même par son acte de la navigation, & sa navigation étant encore à bon marché, elle fit de cette branche de commerce une espece de commerce de fret à certains égards, & principalement à l'égard des pelleteries dont elle revendoit partie à d'autres peuples.

Ce fut aussi vers la fin du seizieme siecle que l'or & l'argent de l'Amérique commencerent à se repandre parmi toutes les nations Européennes, tant par l'indolence que la possession de ces métaux inspira aux Espagnols, que par les dépenses immenses de Philippe second pour soutenir dans les Pays-Bas une guerre dispendieuse, dont un des buts entierement monacal, étoit de forcer ce que Dieu ne force pas. Il faut pareillement observer, que sous Elisabeth les Anglois s'attacherent principalement à inquiéter les Espagnols par une guerre de corsaires & de flibustiers dans laquelle ils firent sur eux plusieurs grandes & riches captures.

Malgré tout cela, malgré la rigidité que la nouvelle reforme en religion dût naturellement mettre dans les mœurs,

I

l'Angleterre en 1600 n'avoit , fuivant le
Docteur Davenant , que la valeur d'environ quatre millions fterling en fignes repréfentatifs , dont environ quinze cent
mille livres en or & environ deux millions
cinq cent mille livres en argent. On ne peut
pas ajouter à cela les fommes qu'elle avoit
prêtées à la France & aux Etats Généraux,
parce que n'ayant jamais été rembourfées
comptant , elles n'ont été acquittées que
par des traités fubfequens.

Depuis 1600 jufqu'en 1660 , la nouvelle reforme en matiere de religion , le
pedantifme de Jacques premier , le carac-
tere fombre & la confcience formalifte de
Charles premier , le fanatifme des Puri-
tains & des Indépendans , conferverent &
même augmenterent la rigidité des mœurs
parmi la nation Angloife. En même-tems
l'agriculture fe fortifia de plus en plus.
L'Angleterre eut tous les jours moins de
grains à acheter au dehors , & auroit pû
aller jufqu'à en vendre à l'étranger, fi la
France , grenier naturel de l'Europe mé-
ridionale par l'excellence & la fituation
de fon fol , n'avoit pas alors joui de la
liberté du commerce des grains. D'un autre côté la navigation s'étendoit & devenoit plus facile ; & l'or & l'argent des Efpagnols fe repandoient de plus en plus en

Europe. Toutes ces choses agiſſant cha-
cune de leur côté, mirent l'Angleterre en
état, pendant toute cette longue époque,
de vendre plus qu'elle n'achetoit, & con-
ſéquemment d'épargner une partie de ſon
revenu territorial, à peu près de même
que fait un particulier qui dépenſe tous
les ans moins qu'il n'a de revenu réel. En
effet, ſuivant le Docteur Davenant, l'Angleterre ſe trouva avoir en 1660 la valeur
de quatorze millions ſterling en ſignes repréſentatifs, au lieu de quatre millions
ſterling qu'elle en avoit en 1600 ; d'où il
paroit que pendant cet intervalle, ayant
vendu plus qu'elle n'avoit acheté, ſon
épargne ſur ſon revenu territorial avoit
été de dix millions ſterling, faiſant année
commune, pendant ſoixante ans, près de
cent ſoixante-dix mille livres ſterling,
ſans compter l'augmentation qu'elle pût
faire dans ſon mobiliaire. Quoique cette
partie embraſſe du réel & de l'actif, elle
ne ſauroit être calculée. Je ne la paſſerai
donc point en compte, ni pour cette époque, ni pour les ſuivantes : il ſuffit d'en
avoir fait mention. Mais il eſt important
de vous faire remarquer, Monſieur, que
cette balance de cent ſoixante-dix mille
livres ſterling par an fut uniquement le

fruit d'une œconomie nationale , le fruit
des épargnes de la nation fur fon revenu
territorial. C'eft fur quoi il n'y a pas lieu
de contefter. Loin que les Anglois fuffent
alors les porte balles des autres peuples ,
les Hollandois étoient les leurs ; & ce ne
fut que par la fauffe idée de les empêcher
de l'être qu'on paffa l'acte de la navigation.
L'Angleterre n'a commencé que fous Elifabeth à manufacturer partie de fes propres laines. Elle les manufacturoit encore
fi groffierement fous Jacques premier, que
les Anglois de la moindre diftinction ne
s'habilloient pas des draps du pays ; &
que ce Roi ayant ordonné qu'on n'enver-
roit plus les draps tiffus en Angleterre
pour recevoir la teinture & l'apprêt en
Hollande , il fut obligé , fur les remon-
trances des commerçans , de revoquer fon
ordonnance. Sous ce même Roi , décedé
au commencement de 1625 , l'exportation
de l'Angleterre ne confiftoit encore gueres que dans fon étain & fes autres métaux, dans fes canons qui étoient les plus
beaux & les meilleurs de l'Europe, dans
de grandes quantités de laines crues , &
dans des draps groffiers. Mais les productions de fon fol fuffifoient prefque pour
la contenter ; & fur le total , comme je

l'ai dit , elle achetoit beaucoup moins qu'elle ne vendoit ; d'où il réfultoit une épargne fur fon revenu territorial. C'eft donc par celà feul qu'elle avoit annuellement dans fes échanges une balance en fa faveur , laquelle n'étoit autre chofe que cette épargne fur fon revenu territorial, que la folde de fes ventes au-deffus de fes achats ; & qui parconféquent ne venoit point de ce qu'on appelle ordinairement *commerce*, mot auquel on attache depuis longtems, furtout en parlant des nations , un fens très équivoque, pour ne pas dire barbare & abfurde.

Deuxieme Epoque.

Charles fecond eut de grands talens ; un efprit vif & enjoué , & fut beaucoup plus prodigue que liberal. Il joignit à ces qualités celle d'être fur le thrône fi affable dans fes manieres , & d'une converfation fi aifée , qu'il lui eût été facile de corrompre & d'affervir la nation, s'il eut moins aimé fes plaifirs , ou fi en les aimant, il eut été moins diffipé & plus laborieux. Heureufement pour les Anglois , ce ne fut gueres que dans fa Cour qu'il introduifit ce libertinage de l'efprit & du cœur qui

enfante toujours la frivolité. La capitale
en fentit peu l'influence ; & les provinces
la fentirent bien moins. D'ailleurs la haine
qu'on conçut contre fon frere, ou plutôt
contre les foibleffes religieufes de fon frere, vint appuyer & foutenir les mœurs pu-
ritaines dont on étoit las, & qu'on ne fup-
portoit plus qu'à peine. Elle les rendit la
marque caractériftique du parti contraire
à la Cour ; & fans les avoir dans l'ame, on
les affecta au dehors, & l'on s'y attacha
obftinément par efprit de parti. Il faut tout
dire : ce fut pendant cette époque que la
France oubliant ce qu'elle étoit, & guidée par de petites idées mercantilles, commença à gêner chez elle le commerce des
grains. L'Angleterre profita de fa faute,
& fe mit fur les rangs pour s'arroger cette
belle branche de commerce, cette noble
manufacture, qui fait tout aller dans l'intérieur, & dont l'Angleterre ne pourra
jamais avoir du débit au dehors, quand la
France le lui défendra, en fe le permettant à elle-même. Ainfi, quoique la frivolité eût été introduite parmi les Grands de
la Cour de Charles fecond, — quoique l'or
& l'argent de l'Amerique commençaffent
à moins fluer en Europe, — quoique l'Angleterre ne fît plus en particulier de ri-

ches captures fur les Efpagnols, — quoiqu'elle eût à foutenir contre les Hollandois une guerre qui interrompit fes échanges, — quoique quelques-uns de fes commerçans emportaffent déjà dans les Indes
partie de fon or & de fon argent, produit
de fes denrées, pour ne lui en rapporter
que des inutilitées : malgré tout cela, l'Angleterre vendit encore plus qu'elle n'a-
cheta ; & la gêne mife en France au commerce des grains, contribua beaucoup à
continuer de lui rendre favorable la balance de fes ventes & de fes achats. Elle
fit donc une épargne fur fon revenu territorial ; & ne s'étant vû dans l'année 1660
qu'environ quatorze millions en fignes repréfentatifs, elle s'en vit en 1688, fuivant
le Docteur Davenant, pour environ dix-
huit millions cinq cent mille livres fterling ; ce qui donne année commune, pendant vingt-huit ans, un peu plus de cent
foixante mille livres fterling, & par conféquent une balance pour les Anglois dans
leurs ventes & leurs achats un peu moindre que celle de la première époque, &
toujours provenant de la même caufe.

I iv

Troisiéme Epoque.

L'époque qui fuivit la révolution de 1688 , & qui commença & finit avec le regne du Roi Guillaume , eft celle où l'Angleterre a le plus joui de ce qu'on peut à fufte titre , appeller un commerce riche & folide. C'eft celle où elle a vendu le plus, & en proportion a achetté le moins ; où la balance de fes échanges a été immenfe en fa faveur : en voici les caufes.

Guillaume III , Prince d'Orange & Roi d'Angleterre , fut Prefbyterien rigide dans fes mœurs , par tempérament , par éducation , par des principes d'ambition & de politique , & auffi par foibleffe humaine pour contrafter avec le fafte brillant de Louis XIV, qui l'avoit méprifé lorfqu'il n'étoit encore que Prince d'Orange. En confervant fur le thrône le luxe folide & néceffaire de la propreté , de la décence, de l'aifance , de la dignité & de la grandeur , il bannit de fa Cour ce luxe de pure oftentation qui fait toujours beaucoup de mal & peu de bien ; il en profcrivit ce luxe de frivolité qui s'étoit gliffé dans la Cour de Charles II , & qui toujours fantafque , capricieux & difpendieux ,

énerve les hommes & détruit la fécon-
dité & les richeſſes de la terre. De-là,
les mœurs des grands, loin de corrompre
par contagion celles de la capitale & du
reſte de la nation, ne ſervirent qu'à im-
primer par tout les ſentimens d'une ſage
œconomie, qui rejettant toute inutilité,
garde toujours la décence de ſon état,
n'en outrepaſſe point les bornes, & eſt
toujours hoſpitaliere & généreuſe. Nul
ne ſe ruina, & chacun fut riche. La nation eut peu de fantaiſies, connut peu le
clinquant, & ne tira du dehors que très
peu de bagatelles. Elle préféra ſagement
la laine de ſon crû à la ſoye de l'Eſpagne
& de l'Italie ; & au lieu de chérir follement les manufactures étrangeres, elle
s'occupa elle-même de celles qui lui
étoient néceſſaires. Tout cela raſſemblé
fit qu'elle eut beaucoup moins à achetter
au dehors qu'elle n'avoit eu en aucun
tems. On ne doit pourtant pas croire que
cette grande diminution dans les achats
eût ſuffi toute ſeule pour laiſſer dans la
balance des échanges la ſolde immenſe
que j'ai annoncée pour cette époque. Il
falloit auſſi qu'il y eut une grande augmentation dans les ventes ; & cela ne ſe pouvoit qu'en augmentant la maſſe des produc-

tions de la terre , & en trouvant au dehors
du débit pour l'excedent de la confommation nationale : l'un & l'autre fut. La
légiflation s'attacha à encourager l'agriculture , pendant que d'autres nations fem-
bloient fe faire un point capital de la
décourager. Les campagnes de Flandres ,
où nous ne cherchions qu'à combattre ,
dépenfer , & briller , fervirent en Angleterre à donner de cet art fi noble & fi
riche de plus grandes connoiffances que
celles qu'on en avoit auparavant. L'Offi-
cier Anglois fit bien plus que de combattre
pour fa patrie ; il l'enrichit à fon retour
des obfervations qu'il avoit faites , au
milieu des horreurs de la guerre , fur les
travaux & fur la fçience des cultivateurs
Flamands. Le cultivateur Anglois en profita dans l'inftant , parce que tranquille
dans fon champ , n'ayant aucune idée ,
ni du publicain , ni du collecteur , ni du
fergent , il étoit en quelque maniere comme ces anciens cultivateurs des Indes
dont parle Strabon ; & que les armées
refpectoient comme des hommes facrés ,
les laiffant s'occuper tranquillement de
leurs travaux ruftiques , tandis qu'à leurs
côtés elles combatoient à outrance. Ainfi
l'amelioration de l'agriculture , qui ne

fauroit avoir lieu partout où les cultivateurs ne jouiffent pas de la tranquillité
& de l'aifance, cette amélioration, dis-
je, augmenta de beaucoup la maffe des
productions de la terre. Quant au débit
chez l'étranger de ce que la confommation nationale laiffoit d'exédent fur cette
maffe, on le trouva facilement.

1°. Il faut diftinguer la confommation
nationale avant l'augmentation de la maffe
des productions, d'avec la confommation nationale après cette augmentation ;
& cette derniere partie eft elle-même
foumife à trois autres diftinctions effentielles—Premiere diftinction : il eft très
naturel de penfer que l'Angleterre ayant
augmenté fes productions, augmenta auffi
fa propre confommation de ces mêmes
productions. Elle voulut jouir, en
quelque maniere, de la premiere main,
du fruit de fes travaux, & de fon fur-
croît d'abondance, à peu près de même
que celui qui fait une très ample recolte
feftoye fa famille & fes amis plus amplement que lorfqu'il n'en fait qu'une moyen-
ne. Mais cette partie ne put ni diminuer
les achats de l'Angleterre ni augmenter
fes ventes—Seconde diftinction : l'Angleterre, en augmentant fes productions eut

de quoi nourir & entretenir les entrepreneurs & ouvriers qu'elle employa aux
nouvellesManufactures qu'elle établit chez
elle pour fon propre ufage. Cela fit une
augmentation dans fon revenu territorial
& une diminution dans celui des peuples
qui jufqu'alors lui avoient vendu les marchandifes ainfi fabriquées. Ce fut auffi une
grande diminution dans fes achats, parce
qu'elle n'eut plus à payer à l'étranger les
denrées qui fervoient chez lui à nourrir
& à entretenir ces entrepreneurs & ouvriers ; & que ce fut aux propriétaires &
aux cultivateurs de fes propres terres
qu'elle paya ces denrées. Mais tout cela
ne fit point encore une augmentation dans
fes ventes — Troifieme diftinction : parmi
les nouvelles manufactures que l'Angleterre établit, il y en eut une partie qui ne
fut pas pour fon propre ufage , & qui fut
pour celui de l'étranger. Or l'augmentation de la production de fes terres fervit
encore à nourrir & à entretenir les entrepreneurs & ouvriers de cette partie
de fes nouvelles manufactures ; & dans
ce qu'elles fabriquerent, & qu'elle vendit au dehors, elle débita réellement &
effectivement, fous les noms équivoques
de main d'œuvre & d'induftrie, le fruit

du travail de ſes cultivateurs , les denrées du crû du pays , dont ces entrepreneurs & ouvriers s'étoient nourris & entretenus , ce qui comprend bien des choſes , & même le loyer des maiſons. S'il lui avoit fallu tirer ces denrées du dehors , l'achat auroit contrebalancé la vente ; la main d'œuvre & l'induſtrie n'auroient pû , tout au plus , produire pour la nation que leurs petites épargnes , & peut-être n'auroient ſervi qu'à la charger d'un tas d'infortunés , toujours en proye à la miſere. Mais en les tirant de chez elle , en ſe les payant à elle-même , ce fut une grande augmentation , tant dans ſon revenu territorial que dans ſes ventes ; & partout , où la matiere premiere fut de ſon propre crû , l'augmentation fut encore plus conſiderable.

2°. La France avoit achevé de ſe porter le coup le plus terrible qu'elle ait jamais eſſuyé. Elle s'étoit prohibé le commerce des grains , & pluſieurs peuples Européens n'en ayant point chez eux pour ſubſiſter , ils furent charmés que l'Angleterre en eût plus qu'il ne lui en falloit , & que ſon Parlement excitât la nation à leur en vendre. Sans cette reſſource , l'Eſpagne , le Portugal , une partie de l'Italie, & quelques autres cantons de l'Europe auroient couru rifque de périr. Il n'y eut donc aucune difficulté pour trouver le débit de l'excédent de cette précieufe denrée. Au contraire, l'Angleterre voyant qu'elle avoit encore moins de grains qu'elle n'en pouvoit débiter à un bon prix, s'appliqua encore plus à en augmenter la production. Elle continua d'ameliorer fon Agriculture; elle défricha, & eut raifon de défricher, parce que ce n'étoit pas le cas où, comme je l'ai marqué dans une note ci-devant, les défrichemens peuvent achever de ruiner une nation; c'étoit celui où ils ne peuvent que contribuer à augmenter la maffe de fes richeffes renaiffantes. Il faut auffi ajouter que la néceffité abfolue, où la France avoit volontairement mis tant de peuples de s'adreffer à l'Angleterre pour en tirer des grains & pouvoir fubfifter, les accoutuma naturellement à prendre auffi d'elle le produit de fes manufactures, d'où s'augmenta encore le débit de toutes les denrées de fon crû dans le fens de la troifieme diftinction du précedent article.

Il eft donc vrai que fous le Roi Guillaume l'Angleterre achetta bien moins,

& vendit beaucoup plus qu'elle n'avoit jamais fait auparavant ; & que cette diminution d'un côté & cette augmentation de l'autre , furent de nature , non-feulement à former dans le compte de fes achats & de fes ventes une balance extrémement favorable pour elle ; mais auffi à augmenter confiderablement fon revenu territorial. De-là nait la même obfervation que j'ai déja faite à la fin de la premiere époque : c'eft que ce ne fut pas proprement à ce que le public appelle *commerce* que l'Angleterre dût cette forte balance , & l'accroiffement de fon revenu territorial. Elle en fut entierement redevable à la frugalité de fes mœurs qui borna fon commerce ; à l'augmentation du produit de fes terres ; & au bonheur qu'elle eut de trouver le débit de l'augmentation de ce produit. En effet , elle auroit pû étendre fon commerce , mais autant en achats qu'en ventes ; & la balance en fa faveur feroit reftée comme auparavant. Elle auroit pû auffi lui donner plus d'étendue , mais en achats plus qu'en ventes ; & la balance auroit été moindre pour elle , & même auroit pû lui être défavorable : l'état du commerce dans la ville la plus commerçaute d'une certaine nation nous préfénte beaucoup plus d'achats que de ventes. Enfin l'Angleterre auroit pû augmenter la produćtion de fes terres, fans que cette augmentation pût lui fervir, foit à diminuer fes achats au-dehors, foit à y augmenter fes ventes. Or dans ce cas, fi l'augmentation ne s'étoit faite que graduellement & peu à peu, tout ce qui auroit pû en arriver de plus avantageux auroit été d'augmenter graduellement, & dans la même proportion, la population & le revenu territorial, fans augmenter en faveur de la nation la balance des achats & des ventes au-dehors. Et fi au contraire l'augmentation de la produćtion des terres, reftant fans débit au-dehors, avoit été trop fubite, l'Angleterre en auroit rudement fouffert ; & la raifon en eft affez fimple. Ses denrées venant alors trop vîte dans fes marchés, la concurrence des vendeurs y étant beaucoup trop forte en proportion de la concurrence des achetteurs, les denrées n'auroient eu ni débit ni valeur, les cultivateurs auroient fait banqueroute, le revehu territorial auroit confiderablement diminué, les terres n'auroient pas valu la peine d'être cultivées, & la nation auroit

roit été réduite à la mendicité , jufqu'à
ce que la force même du mal eût remis
l'Agriculture dans fa jufte proportion avec
la confommation. L'Angleterre auroit
été dans le cas d'un Etat qui voudroit
défricher dans un tems où fes denrées
n'auroient ni débit ni valeur.

A cette obfervation, & à l'explication
que j'en ai faite je dois ajouter que le
bonheur & les richeffes de l'Angleterre
pendant le regne du Roi Guillaume furent prefque en entier un pur don de la
France. Dès 1685 la France avoit commencé à expulfer une grande quantité de
fujets qui travailloient & confommoient
chez elle, & qui par leur *non-conformité*
en religion pouvoient facilement être rendus les fujets les plus propres pour bien
exercer le commerce intérieur & extérieur , cette *non-conformité* leur infpirant
naturellement ces mœurs frugales & *par-
cimonieufes* , fi néceffaires pour faire le
commerce à fon propre profit, & à celui
de la nation. Or une partie de ces hommes qu'expulfa la France paffa en Angleterre : elle y travailla ; elle y inftruifit les
Anglois ; elle y aida à confommer profitablement la nouvelle augmentation des
productions de la terre. En même-tems ,

K

comme je l'ai déja remarqué, ce fut la France même qui fit à l'Angleterre le don précieux du commerce des grains, au point d'être plus d'une fois obligée d'en tirer d'elle, & par-là de dépendre d'elle pour sa gloire, sa grandeur, son bien être, & même pour sa subsistance. Il n'y a donc point à s'étonner si pendant cette époque la France gagna des batailles, prit des villes, saccagea les pays ennemis, s'appauvrit, & fit une mauvaise paix, & si au contraire l'Angleterre perdit des batailles, laissa prendre des villes & saccager ses alliés, s'enrichit, & fit une paix avantageuse pour elle & ses alliés.

Il est tems de terminer mes reflexions, & de marquer ce que l'Angleterre eut de bon dans la balance de ses échanges sous le Roi Guillaume.

1°. Elle conserva en entier la masse de ses signes représentatifs.

2°. Elle paya exactement cinq, six, sept & huit pour cent des sommes qu'elle emprunta; & dans ce qu'elle paya de cette maniere pendant quatorze ans, la part de l'étranger put aller
à environ deux millions sterling, ci . .   2,000,000 : st.

De l'autre part, ci . .   2,000,000 ſt,

3°. Elle liquida en-
viron dix millions
ſterling ſur vingt mil-
lions & plus de dé-
penſes extérieuresque
la guerre avoit occa-
ſionnées, ci . . .   10,100,000:

La balance des é-
changes pendant cet-
te époque fut donc
en faveur de l'An-
gleterre , d'environ
douze milions ſter-
ling, ci , ...   12,000,000:

Leſquels donnent
année commune pen-
dant quatorze ans en-
viron huit cent ſoi-
xante mille liv. ſter-
ling par an, ci . .   860,000:

Partant la balance
des échanges pen-
dant cette époque a
apporté par an à l'An-
gleterre environ ſept
cent mille livres ſter-
ling plus que pendant
les précédentes épo-
ques, ci . . . . . .   700,000: ſt,

Mais obfervez bien , Monfieur , que l'Angleterre étoit alors dans le cas abfolu, où il faut qu'une nation épargne ; & que malgré fa grande œconomie , malgré la grande augmentation de fes ventes , & la grande diminution de fes achats , elle ne put pas encore affez épargner. En effet , la guerre abforbant la balance entiere des échanges , força l'Angleterre , pour faire face pendant cette époque aux dépenfes extérieures , d'hypothéquer fon fol & fon revenu territorial , tant à des étrangers qu'à des nationaux , pour environ dix millions fterling de capital. J'aurai attention ci-après de faire voir la différence qu'il y a entre l'hypothéque faite en faveur des étrangers , & celle faite en faveur des nationaux.

Quatrieme Epoque.

La Reine Anne n'eut point de vices ; n'eut que peu de défauts : mais elle n'eut ni les connoiffances, ni la fermeté, ni les autres fublimes qualités d'Elifabeth. Remplie des vertus de l'état privé , elle n'eut point les vertus du trône : fon fceptre lui pefa dans les mains. Il fut heureux pour l'Angleterre, qu'éloignée de toute idée de ga-

lanterie , & de tout esprit de superstition
& de fanatisme , chaste dans sa maison ,
pieuse dans sa religion, elle eût assez peu
de passions & assez de bon sens pour se laiffer gouverner par de plus habiles qu'elle.
Par-là , son regne fut glorieux. Par-là ,
elle acquit l'amour de son peuple,& mou-
rut regretée. Mais si l'on excepte Elisabeth d'Angleterre , le regne des femmes
ne fut jamais celui d'une œconomie nationale. Il ne seroit pourtant pas juste d'attri-
buer entierement à ce regne d'une femme
l'altération arrivée au commencement de
ce siecle dans la grande frugalité qui regnoit dans les mœurs Angloises à la fin du
dernier. Ce changement reconnoit une
autre cause , qui eut un effet bien plus
grand, bien plus durable, bien plus pro-
gressif ; & dont j'ai fait mention en parlant de la diminution dans le prix des baux
après la révolution de 1688. C'est que depuis cette révolution , le Parlement s'af-
semblant annuellement, les femmes , sous
la Reine Anne , commencerent à suivre
en affluence leurs maris dans la capitale ,
à se produire fréquemment en public , &
conséquemment à changer les mœurs qui
ne changent pas en Espagne , parce que
l'usage n'y permet pas encore aux femmes

de se répandre , & de s'afficher dans le
monde. Voilà ce qui eut le plus d'influence
pour rendre peu à peu la nation moins
œconome qu'elle n'avoit été sous le Roi
Guillaume. Sans se livrer à la frivolité ,
elle ne se contenta plus d'étaler ses richesses en n'admettant que le luxe solide &
nécessaire de la propreté , de la décence ,
de l'aisance , de la dignité , & de la grandeur. Elle eut des modes qu'elle voulut
changer , des fantaisies qu'elle voulut sa-
tisfaire. Le sage & judicieux Addison nous
l'apprend dans ces feuilles immortelles ,
où sous le nom de *spectateur* , il s'érigea
avec un front gai & serein en censeur rigide des mœurs de ses compatriotes. Si
par sa censure , pleine d'un sel attique , il
reprima pour un tems les grands progrès
du mal qu'il combattit , il ne put pas
l'empêcher de se fortifier & de s'étendre ,
parce que n'étant pas législateur , il ne
put pas en extirper la racine. Si les hommes , ceux même de la Cour , continue-
rent à s'habiller de laine ; les femmes ,
celles même du peuple , commencerent à
vouloir s'habiller entierement de soie. Les
nouvelles manufactures de cette production étrangere , diminuerent les ancien-
nes manufactures de cette laine dont la

production, la confommation & la valeur étoient depuis longtems une fource principale & naturelle des richeffes de la nation. * D'un autre côté la nouvelle Compagnie des Indes établie depuis 1698, augmentoit fes forces de plus en plus, & fans

---

* Ce fut fous le regne de Henri fecond que nous commençames à détériorer la qualité de nos laines, & à en ruiner les manufactures ; parce que ce fut dans la premiere année de ce regne que nous donnâmes à ferme l'impôt fur le fel. M. Colbert vint enfuite, qui défendit de fabriquer des draps fins avec nos propres laines. Ainfi il ajouta mal fur mal ; & plût au ciel qu'il ne nous eût fait que celui là.

Si l'on remonte depuis Henri fecond jufqu'au tems des premiers Empereurs Romains, on voit toujours que les draps fabriqués de nos propres laines, avoient le plus grand débit, & étoient dans le plus grand honneur chez toutes les nations connues. S. Jerôme eft un de ceux qui leur rendent hautement juftice. On peut voir auffi la notice des Gaules ; & dans Fontanon, l'ordonnance de Philippe de Valois pour les foires de Champagne, & celle de Louis douze fur le prix des draps. On trouve auffi dans Froiffard des preuves authentiques des richeffes de la France & de celles de nos manufactures de laine fous Philippe de Valois ; & dans quel endroit de notre hiftoire n'en trouve-t-on pas ? Il n'y a qu'à favoir la lire.

Kiv

avoir jamais pû perfuader à la nation de
s'habiller & de fe meubler des manufactures de l'Afie , elle introduifoit déjà , &
infenfiblement , le luxe puerile & difpendieux de la porcelaine , le luxe journalier
& pernicieux du thé , & celui d'autres pareilles miferes exotiques. Ainfi , quoique
l'exportation des grains allât toujours en
augmentant — quoique la balance du commerce avec le Portugal fût au plus haut
point où elle ait jamais été , puifque malgré l'armée entretenue fur cette partie du
continent, le prix du cours du change entre
Londres & Lifbone étoit alors environ huit
pour cent en faveur de Londres plus qu'il
n'eft aujourd'hui — quoique le commerce
s'aggrandît & s'étendît , & que les commerçans , furtout les chefs de la Compagnie des Indes , puffent faire de plus gros
profits : — cependant la nation y perdit ,
parce que fur le total elle acheta beaucoup plus , & en proportion vendit moins ,
que pendant le regne du Roi Guillaume.
En voici la preuve.

Toutes les dépenfes extérieures, depuis
le 25 Mars 1702, jufqu'au 14 Mars 1716,
monterent , comme j'ai dit ci-devant , à
environ tente - cinq millions cinq cent

mille livres sterling,
ci . . . . . . 35,500,000:l.st.

Plus, le 25 Mars 1702, la nation devoit encore environ dix millions sterling, dont les intérêts, tant à six qu'à sept pour cent jusqu'au 14 Mars 1716 ont pû monter à environ neuf millions sterling. Mais environ les trois cinquiemes de ces intérêts étant dûs à des nationaux sont restés dans la nation, & n'ont pas cessé d'y faire partie du revenu territorial dont elle a joui. Quant aux deux autres cinquiemes qu'il lui a fallu payer dehors, & dont elle n'a pas joui, ils ont été à environ deux millions six cent mille livres sterling * 2,600,000:

38,100,000 .

---

* Ce n'est point sans autorité que les étrangers sont regardés ici comme créanciers des deux cin-

De l'autre part, ci ..   38,100,000 : l. ſt.

Plus, du 25 Mars 1702 au 14 Mars 1716, la nation a emprunté différentes ſommes en différens tems, tant à cinq qu'à ſix pour cent, & même à plus fort intérêt en rente viagere. Or en accordant que l'étranger ait reçu les deux cinquiemes des intérêts payés pour ces différentes ſommes empruntées en différens tems, c'eſt certainement beaucoup de paſſer pour ces deux cinquiemes environ ſix millions ſterling ; mais n'importe : partant, ci . . . .   6,000,000 :

quiemes de la dette nationale. Cette autorité eſt rapportée dans l'époque ſuivante à l'article où il eſt parlé des intérêts dûs au dehors ; & cet article eſt accompagné d'une autre note.

Total des fommes que l'Angleterre a payées au-dehors depuis le 25 Mars 1702, jufqu'au 16 Mars 1716, quarante-quatre millions cent mille liv. fterling, ci . . . . 44, 100, 000: l.

Pendant le même intervalle de tems, elle n'a augmenté fa dette que d'environ trente-fix millions fterling, ci 36, 000, 000:

Par conféquent fes ventes ont dû être plus fortes que fes achats, d'environ huit millions cent mille livres fterling, ci 8, 100, 000:

Mais fous le regne du Roi Guillaume, qui embraffe le même nombre d'années, les ventes avoient été plus fortes que les achats d'environ douze millions fterling, ci 12, 000, 000:

La balance des ventes & des achats pendant l'époque de la guerre pour la succession d'Espagne, ne fut donc pas si forte en faveur de l'Angleterre, qu'elle l'avoit été pendant l'époque du regne du Roi Guillaume ; & la diminution fut sur le total d'environ trois millions neuf cent mille livres sterling , ...   3,900,000 l.

Pendant les quatorze ans que le Roi Guillaume avoit regné, la balance favorable avoit été , année commune , d'environ huit cent soixante mille livres sterling , ci . . . . . .   860,000 l.

Pendant les quatorze ans de l'époque de la guerre pour la succession d'Espagne , elle ne fut , année commune ,

De l'autre part, ci . . . 8 60,000 l. ſt.

que d'environ cinq cent
quatre-vingt mille livres
ſterling, ci . . . . . 580,000 :

La diminution, année
commune, fut d'environ
deux cent quatre - vingt
mille liv. ſterling, ci... 280,000 l. ſt.

Conſiderez maintenant, Monſieur ;
que cette diminution n'eſt reduite qu'à
280,000 liv. ſterling, que parce que j'ai
bien voulu porter à ſix millions ſterling
le total des intérêts payés aux étrangers
pour les ſommes qui en ont été empruntées en differens tems pendant le cours
de cette époque. Remarquez auſſi, je vous
prie, que l'accroiſſement de la dette nationale ayant été dans cette même époque d'environ trente ſix millions ſterling,
& le montant des dépenſes extérieures
n'ayant été que de preſque autant ; la
balance annuelle de 580, 000 liv. ſterling
dans les échanges a été totalement en-
gloutie, & même au de-la, par les intérêts payés à l'étranger, & qui ne lui
étoient dû qu'à l'occaſion des deux guerres entrepriſes contre la France par le

gouvernement. Ces deux guerres ont donc dépouillé la nation & au de-là, de toute la balance formée en sa faveur dans ses échanges par son œconomie, par son travail, par l'amélioration de son agriculture; & conséquemment par l'excédent de la valeur de ses ventes au dessus de la valeur de ses achats, depuis la révolution de 1688 jusqu'au commencement de 1716.

Quant aux signes représentatifs dont je n'ai point parlé pendant cette époque, il paroît qu'à l'égard de leur valeur numéraire, il n'y eut gueres ni augmentation, ni diminution. Si l'on exporta des matieres d'argent, on les remplaça par des matieres d'or. Je dirai cependant, que si dès-lors cette valeur numeraire ne diminua point, ce fut parce que le Parlement ordonna un *fur-prix* en faveur de ceux qui apporteroient à l'Hôtel de la Monnoye des matieres d'argent pour y être fabriquées en especes monnoyées. Mais comme le montant de ce qui fut ainsi accordé entra dans le total des emprunts publics & de la dette nationale, il ne seroit pas juste d'en former un article de dépense : ce seroit un double emploi en ma faveur. La seule conséquence que je puisse tirer de cette attention du Parlement pour faciliter la fabrication des especes d'argent, c'est que l'exportation qu'en faisoit déjà la compagnie des Indes commençoit à les rendre rares.

Cinquieme Epoque.

Pendant toute cette cinquieme époque, qui prend depuis le 14 Mars 1716 jusqu'au 31 Décembre 1738, & qui par conséquent contient vingt-trois ans, le siege de Gibraltar est tout ce qui a interrompu la paix & la tranquillité de l'Angleterre. Cette puissance a été par rapport à l'extérieur & à l'intérieur, & par rapport à ce qu'on qualifie du nom de commerce, dans la situation la plus brillante — 1°. Le traité d'Utrecht lui avoit livré le vaisseau de l'Assiente, & l'avoit mise à même de faire presque à sa volonté le commerce d'interloppe avec les colonies Espagnoles ; & elle a joui de l'un & de l'autre jusqu'à la fin de cette époque—2°. Le même traité l'avoit admise, avec supériorité en sa faveur, à la pêche de l'Amérique septentrionale ; & pendant plusieurs années elle en a en quelque maniere augmenté l'étendue de son propre territoire, & le montant de son revenu territorial ; jusqu'à ce que cet accroiſſement de richeſſes ſoit preſque entierement devenu la propriété de ſes colonies à qui leur poſition locale & leurs matériaux pour la Marine donnent naturellement ſur elle l'avantage de la pêche ſédentaire. 3°. L'exportation des grains eſt reſtée à ſon profit , & lui a même rendu plus qu'auparavant : il y a eu des années où elle a été juſqu'à la valeur de trois millions ſterling. * 4°. Ce qu'on appelle ordinairement *commerce* a paru chez elle avec le plus grand éclat, ſurtout par rapport aux Indes, à l'Italie , au Portugal enrichi plus que jamais par l'or & les diamants du Bréſil ; & encore par rapport à l'Amérique , où ſes immenſes colonies ſont devenues extrêmement puiſſantes par elles-mêmes. Elle a tellement couvert la Mer de ſes vaiſſeaux , qu'elle en a été pour les autres états un objet d'admiration , de jalouſie , & d'émulation ; & qu'oubliant le ſort de Tyr & de Carthage , elle s'eſt eny-vrée

---

* Suivant les élemens du commerce, première Partie , page 120 , il y a eu des années où l'exportation des grains a été beaucoup plus forte en Angleterre. Voyez le *Poſt-ſcriptum.*

vrée d'une fauffe idée de commerce, &
a voulu s'arroger un empire defpotique
fur la mer que la nature a vifiblement deftinée pour être la propriété commune de
tous.

Mais malgré tout ce brillant commerce,
malgré le grand bénéfice donné par le
vaiffeau de l'Affiente, par le commerce
d'interloppe avec les Indes Efpagnoles ,
par la nouvelle acquifition de la plus grande
partie de la pêche dans l'Amérique fep-
tentrionale , & par la forte exportation
des grains, malgré cela, dis-je, fi la balance
annuelle des échanges pendant toute cette
cinquieme époque a été plus favorable à
la nation que celle de la quatrieme époque, c'eft de bien peu ; & il s'en faut toujours près de trois cent mille livres fterling, qu'elle ait égalé celle de la troifieme. J'obferverai auffi , que quoique
pendant cette cinquieme époque, l'Angleterre n'ait fait que très-peu de dépenfes
extérieures, elle n'a prefque rien acquitté
de fa dette publique. S'il eft vrai , comme
quelques-uns prétendent , que la politique
des Rois George I & George II, ait été
d'empêcher le décroiffement de cette
dette , ces Princes ont agi contre les intérêts de la nation ; & peut-être encore

L

plus contre les vrais intérêts de leur mai-
fon. Il n'ont pas fenti , que tout le poids
de cette dette retomboit avec une force
redoublée fur les propriétaires en fonds
de terre , & ne pouvoit à la fin que les
accabler , & les rendre inutiles , ou mauvais citoyens. Ils n'ont pas fait attention,
que chez toutes les nations qui ont un
grand territoire productif, & qui manient
la charue , ce font toujours les propriétaires en fonds de terre qui font le véritable nerf de l'état & le ferme foutien
du gouvernement établi , lorfqu'on les
ménage—Qu'au contraire ils s'énervent ,
& n'ont plus de force pour foutenir &
défendre le gouvernement, lorfqu'ils font
ruinés—Que par conféquent tout Monar-
que , qui agit contre leurs intérêts , tra-
vaille lui-même à fapper fon trône jufques
dans les fondemens.

Quelle que foit la caufe qui pendant le
cours de cette époque a empêché l'Angleterre d'acquitter une grande partie de fa
dette nationale ; fi d'ailleurs cette puiffance en augmentant confiderablement la
maffe de fes ventes, n'avoit pas auffi beaucoup augmenté fes achats ; fi elle n'avoit
pas donné dans la frivolité encore plus
qu'auparavant ; fi fa Compagnie des Indes

ne l'avoit pas guidée dans de folles dépenfes ; elle auroit dû avoir annuellement une
balance bien plus forte en fa faveur que celle qu'elle avoit eue pendant l'époque de la
guerre pour la fucceffion d'Efpagne. Mais
elle ne fut pas affez frugale dans fes mœurs,
& vendant davantage, elle eut encore plus
de fantaifies, & augmenta encore plus fes
achats, fans confiderer qu'elle devoit confidérablement ; & qu'il lui convenoit de
faire une épargne annuelle, capable d'a-
mortir peu à peu le capital de fa dette.
C'étoit le feul moyen quelle eût pour fe
délivrer des intérêts qu'elle payoit, &
qui commençoient à la ronger jufqu'au vif,
& pour donner encore plus de jeu au ref-
fort de fes ventes & de fes achats, en fe
délivrant de cet amas d'impôts fur des objets de confommation, dont elle s'étoit
chargée pour payer ces intérêts. Mais elle
manqua de vues & de réflexions ; & elle
choifit de jouir & de rifquer de fe ruiner,
plutôt que d'épargner, de s'acquitter, &
de devenir riche. Ainfi au 31 Décembre
1738, il fe trouva que fur fa dette nationale, elle n'avoit payé,
depuis le 14 Mars 1716,
qu'environ trois cent mil-
le livres fterling, ci . .   300,000 l. ft.

De l'autre part, ci . . .   300,000 l. ft.

Elle avoit fait aussi pour environ quinze cent mille livres sterling de dépenses extérieures, ci .   1,500,000:

Elle avoit de plus payé à l'étranger les intérêts qu'elle lui devoit pour les sommes qu'elle en avoit empruntées. Il faut donc tâcher de marquer par estimation,& le montant de ces sommes, & le montant de ces intérêts. Sir Mathieu Decker, fameux négociant Anglois qui écrivoit à la fin de cette cinquieme époque, me fournira les élémens que je prendrai pour base de mes calculs. Il dit dans son ouvrage, p. 65, édition Angloise, qu'alors on regardoit les étrangers comme créanciers d'environ vingt millions sterling dans la dette nationale de qua-   1,800,000 l. ft.

De l'autre part, ci ..   1,800,000, l. ſt.

rante-ſix millions trois
cent mille livres ſterling,
ce qui les rend créan-
ciers d'un peu moins des
quatre neuviemes du to-
tal ; & pour que mon cal-
cul ſoit plus courant , je
les compterai créanciers
d'environ les deux cin-
quiemes. Sir Mathieu
Decker dit dans la même
page que les intérêts
payés annuellement aux
étrangers peuvent aller à
ſept cent-cinquante mil-
le livres ſterling ; & comme un peu plus haut il
marque que les intérêts
ſont à trois & à quatre
pour cent, cette ſomme
de ſept cent-cinquante
mille livres ſterling , met
à quatre pour cent les
trois quarts des intérêts
dûs au dehors , & à trois
pour cent l'autre quart.

1, 800, 000 l. ſt.

L iij

De l'autre part , ci . .   1,800,000 l. ft.

Cette derniere estima-
tion de Sir Mathieu Dec-
ker étoit bonne lorsqu'il
a écrit ; mais au com-
mencement de la cin-
quieme époque, les inté-
rêts étoient plus forts que
sur la fin ; & le capital de
la dette alloit à environ
trois cent mille livres
sterling de plus ; il convient donc de les porter
un peu plus haut qu'il n'a
fait , & pour qu'il n'y ait
pas lieu de revenir con-
tre moi , je passerai tous
ces intérêts à quatre pour
cent pendant les vingt-
trois années de cette cinquieme époque. J'accor-
derai même au-delà , &
sur le total, plus de cent-
soixante mille livres sterling. En conséquence je
coucherai ici ces inté-
rêts pour seize millions   1,800,000 l. ft.

De l'autre part, ci . . 1,800,000 l. ſt.

deux cent mille livres
ſterling* . . . . 16,200,000 l. ſt.

Total de l'acquitte-
ment de la dette, des dé-
penſes extérieures, & des
intérêts au dehors, en-
viron dix-huit millions
ſterling, ci . . . 18,000,000 l. ſt.

Sur quoi la nation a en
quelque maniere payé
comptant par la ſortie
d'une partie de ſes ſignes

* Pluſieurs Anglois penſent, & même ont publiquement avancé, que les étrangers ne ſont
créanciers que du tiers de la dette nationale. Si
je n'ai pas adopté cette opinion, c'eſt qu'elle
m'eſt favorable. En effet, elle réduit pour cette
époque le total de l'acquittement de la dette,
des dépenſes extérieures, & des intérêts payés
au dehors à environ ſeize millions ſterling. Par
conſéquent elle réduit la balance annuelle à cinq
cens mille livres ſterling, au lieu de 587,000 ; &
il en eſt en proportion de même pour toutes les
époques où je parle des intérêts dûs à l'étranger ;
mais je me ſuis trouvé aſſez fort pour calculer
d'après l'opinion la moins favorable.

L iv

De l'autre part, ci . .   18,000,000 l. ft.

repréfentatifs pendant cette époque, la fomme de quatre millions cinq cent mille livres fterling, ci . . . .   4,500,000 l. ft.

_____

       Refte . . . 13,500,000 l. ft.

Lefquels forment la balance des ventes au deffus des achats pendant les vingt-trois ans de la cinquieme époque , & vont année commune à environ cinq cent quatre - vingt - fept mille livres fterling, ci . . .   587,000 l. ft.

On doit donc regarder cette balance comme étant à peu près égale à celle de la quatrieme époque. Il faut cependant faire attention que comme le prix du cours du change étoit alors devenu fur le total, moins favorable à l'Angleterre qu'il n'é-toit auparavant ; & comme le prix des matieres d'or & d'argent fe tenoit très haut

fur la bourfe ; on ne peut d'un côté accorder une fi forte balance en faveur de
l'Angleterre , qu'on ne convienne en
même-tems qu'elle ne pouvoit l'avoir telle,
que parce que fur le total de fa recette &
de fa dépenfe , elle étoit beaucoup arrié-
rée envers l'étranger , ce qui doit au fonds
diminuer d'autant la force de la balance ;
mais c'eft-là ce qui ne fauroit être eftimé ,
même par approximation ; & il faut fe contenter d'en avoir fait mention.

Une autre obfervation encore plus effentielle à faire , c'eft que le total des intérêts payés à l'étranger a abforbé au-delà
de l'excedent des ventes , ayant enlevé à
leur part environ deux millions fept cent
mille livres fterling de la valeur numeraire des fignes repréfentatifs fortis de
l'Angleterre. Cette puiffance a donc trop
acheté au dehors en proportion des ventes qu'elle y a faites. En étendant fon
commerce du côté des ventes , elle l'a
trop étendu du côté des achats ; & fur le
total l'extenfion de fon commerce lui a
été défavorable. Pendant toute cette riche
& brillante époque , paffée dans le fein de
la paix , de la tranquillité , & de l'abondance , elle n'a fait aucune réferve pour
des tems fâcheux. Elle n'a travaillé , ga-

gné, & épargné que pour les autres. Son travail, son gain, & ses épargnes, n'ont pas même suffi pour acquitter les intérêts qu'elle payoit. Pourquoi donc avoit-elle fait la guerre ? O avarice, ô ambition, ne cesserez-vous jamais d'exciter les hommes à s'entregorger pour rien ?

Sixieme Epoque.

Dieu ôte la raison à ceux qu'il veut humilier. Ainsi lorsqu'il fut déterminé de nous affliger, & d'amener les calamités & les famines qui marquerent la fin du regne de Louis XIV, nous nous remplîmes de fausses idées de grandeur, de petites idées fiscales, de petites idées mercantilles. Nous dépouillames nos cultivateurs. Nous nous défendimes de fabriquer des draps fins avec nos propres laines. Nous fumes jusqu'à nous priver nous-mêmes de ce que nulle puissance sur la terre ne pouvoit nous enlever. Nous nous défendîmes de vendre nos grains, pour donner à l'Angleterre la liberté de vendre les siens ; & lorsque la continuation de la prohibition, & la continuation de l'appauvrissement des cultivateurs, nous eurent reduits en 1709 à ne point avoir de grains pour nous-mêmes, il fut ordonné en Angleterre que nous n'en aurions point , & que nous mourrions faute d'en avoir : ce fut fans appel ; & l'arrêt fut executé , * parce que les trônes les plus élevés ne font à les bien examiner qu'une dépendance de la charrue.

De même , lorfqu'il a été réfolu d'abaiffer l'orgueil de l'Angleterre , & de la ramener au point de médiocrité que lui a prefcrit la nature , & d'où elle n'a pû fortir que par nos fautes , elle a commencé par fe remplir & s'entêter de folles idées fur le commerce ; & dans la fougue de fon imagination , elle a rêvé de fe fabriquer un trône , qui ne devoit avoir d'autres bornes que l'immenfité des mers , & d'autre bafe que les prétendus débris du commerce des autres nations.

Hâc fonte derivata clades
In patriam populumque fluxit.

L'infenfée n'a pas vû , que s'il étoit poffible qu'elle ruinât le commerce des au-

---

* L'acte fut paffé dans les premiers jours de l'affemblée du Parlement en 1709 ; & il y fut dit que la prohibition auroit lieu jufqu'à la S. Michel 1710.

tres nations , *dans ce moment même elle n'auroit plus de commerce , plus de richef- fes , elle n'auroit plus rien ,* ou du moins n'auroit plus que la fimple jouïffance de ce qu'à force de travail fon territoire pour- roit produire. Elle n'a pas fait attention au vingt-feptieme chapitre d'Ezechiel, ce fuperbe monument du commerce de Tyr & de celui des peuples de l'antiquité. Elle y auroit appris que les Tyriens ne s'enri- chirent fur leur roc qu'en glanant après les amples récoltes des autres peuples, & principalement après celles du peuple Hé- breu , dont la charrue leur diftribuoit à fon gré , ou la vie & le bien-être, ou la mifere & la mort. De-là , elle auroit con- clu que ce n'eft que de la même maniere qu'aujourd'hui les Hollandois peuvent fubfifter & s'enrichir dans le fonds de leurs marais ; mais que quant à elle , la nature l'a deftinée pour être au rang des nobles nations cultivatrices, non au rang des pe- tits peuples porte-balles. L'infenfée n'a pas vû , *qu'elle ne pouvoit beaucoup vendre & beaucoup acheter* , qu'autant que les autres peuples feroient également en état *de faire beaucoup de ventes & beaucoup d'achats.* — Qu'il n'y a rien à gagner , qu'il n'y a qu'à perdre à commercer avec ceux qui n'ont rien. — *Que pour qu'une nation soit riche & heureuse , & le soit long-tems , il faut que les autres nations le soient aussi.* — Que c'est un bien pour les nations riches qu'il y ait de petits peuples , pauvres par leur territoire , comme les Tyriens & les Hollandois : ils travaillent à meilleur marché. — Enfin que tout ce dont elle devoit s'occuper pour être riche & heureuse, étoit de bien cultiver son terrein , & de ne pas acheter plus qu'elle ne vendoit. Mais les fumées de son orgueil l'enivroient & l'aveugloient. Ses commerçans , enrichis à ses dépens , puisque tout se prend chez elle sur le revenu territorial ; & devenus par leurs richesses des Démagogues arrogans , lui firent élever la voix en clameurs insolentes pour forcer le gouvernement d'entreprendre la derniere guerre contre l'Espagne. Cette guerre fut déclarée au milieu de l'année 1739; & à l'instant cessa tout le bénéfice produit depuis la paix d'Utrecht par le vaisseau de l'Assiente & par le commerce d'interlope avec les Indes Espagnoles , sans que cependant l'Angleterre cessât de tirer indirectement de l'Espagne la plus grande partie des denrées & marchandises qu'auparavant elle en tiroit directement. Elle en eut moins , &

en paya la même valeur. En même-tems
l'affluence & le féjour des femmes dans la
capitale, commencerent à faire apperce-
voir en Angleterre partie de ce que Caton
le cenfeur avoit prévu pour Rome lors
de l'abrogation de la loi *Oppia*. Les femmes commencerent à infpirer le dégoût
des plaifirs tranquilles & peu couteux de
la converfation & des fociétés reglées.
Elles engagerent à fubftituer à leur place
les plaifirs bruyans, tumultueux, & toujours difpendieux de ces affemblées publiques où elles cherchent à l'envi d'étaler
leurs charmes & leurs parures. L'affluence
des femmes dans la capitale en devint encore plus grande : leur féjour y fut plus
long : les affemblées publiques devinrent
plus fréquentes & plus nombreufes : l'éta-
lage des charmes & de la parure fut plus
fréquent, plus pompeux. Les mœurs pri-
rent un nouveau ton, un ton de frivolité
& de diffolution. La pudeur difparut de
deffus le front des vierges ; & le fexe, la
tête levée, fut charmé de fe montrer en public, & s'empreffa même de courir où il
pourroit s'expofer aux yeux de tous. Les
rangs & les fortunes fe confondirent ; &
la forme de la conftitution y contribua
beaucoup. Pour peu qu'on fût, pour peu

qu'on eût, on voulut être du grand monde, & figurer avec lui. On ne fe contenta pas de donner la foirée à fes plaifirs, on voulut auffi lui facrifier fa matinée ; & le foin de l'interieur des familles en fut prefque entierement négligé. On eut tous les jours à contenter de nouveaux goûts, de nouvelles fantaifies, qui n'avoient pour objet que des chofes frivoles & inutiles, tirées en grande partie de l'étranger. Et comme il eft rare que les vices des Grands ne foient pas contagieux pour les petits, le mal fe communiqua parmi la petite bourgeoifie : elle eut pour le foir & pour le matin fes affemblées publiques, où elle fut verfer fes épargnes, perdre fon tems, fe corrompre, & fe ruiner. Les prifons fe remplirent de petits débiteurs.

Ce grand changement de mœurs, qui ne fe fit guère apperçevoir que vers le commencement de l'époque de la guerre derniere, n'arriva à fon période que vers la fin de la même époque. Par conféquent il ne put pas faire tout le mal qu'il auroit caufé s'il avoit été dans toute fa force pendant tout le tems. D'ailleurs il n'y eut que cette partie de la nation, laquelle fuit l'Eglife Romaine ou l'Eglife Anglicane, qui donnât dans ces nouveautés.

Les Presbyteriens & les autres *non-con-formistes* s'en abstinrent, parce que par principe de religion, ils regardent tous plaisirs bruyans, tout luxe d'ostentation frivole, comme une abomination devant Dieu, enfantée *par la grande Babylone, par la grande prostituée* ; & il fut avantageux pour la balance du commerce de l'Angleterre qu'il y eût un grand nombre de ces non-conformistes. A cela il faut ajouter que la perte occasionnée par la cessation du vaisseau de l'Assiente, & du commerce d'interloppe avec l'Amérique Espagnole ; que cette perte, dis-je, fut heureusement compensée par l'augmentation de l'exportation des grains. L'Angleterre, pendant les cinq dernieres années de cette époque, vendit à l'étranger pour plus de huit millions sterling de grains, ce qui fait année commune, plus de seize cent mille livres sterling * de cette noble & riche Manufacture, que nous lui avons cedée, & qu'un monopole indigne, inique, & cruel, a eu jusqu'ici l'adresse de nous empêcher de lui reprendre.

Ces

---

* Voyez le *Post-scriptum.*

Ces deux chofes ont donc fortement contribué à empêcher que la diminution dans la balance des échanges n'allât outre mefure ; mais elles n'ont pas pû empêcher qu'elle n'ait été très forte ; & que l'Angleterre pour payer les intérêts dûs au dehors n'ait été obligée d'augmenter fa dette nationale beaucoup au de-là du montant de fesdépenfes extérieures. C'eft, Monfieur, ce que vous allez voir.

Si l'on fait abftraction de la fomme de quinze cents mille livres fterling paffée dans les dépenfes extérieures de la derniere époque , les dépenfes extérieures de celles-ci n'ont été que d'environ vingt deux millions cinq cent

mille livres fterling , ci.. 22,500,000 l. ft.

Le 31 Décembre 1738 la nation devoit environ quarante fix millions trois cents mille livres fterling ; & en accordant que les étrangers en fuffent creanciers pour les deux cinquiémes , ils l'étoient pour dix-huit millions cinq cens vingt mille livres fterling. Les

intérêts de cette fomme 22,500,000 l. ft.

M

De l'autre part , ci .. 22,500,000 l. st.

étoient à trois & à quatre
pour cent , & suivant
Sir Matthieu Decker il
y en avoit les trois quarts
à quatre pour cent, l'autre
quart à trois pour cent.
Partant de là , l'intérêt
annuel de cette somme
est d'une part cinq cents
cinquante cinq mille six
cents livres sterling, &
de l'autre part cent trente-huit mille neuf cents ;
lesquelles deux sommes
font celle de six cents
quatre - vingts - quatorze
mille cinq cents livres
sterling , qui pendant les
douze années que con-
tient la présente époque
a formé la somme totale
de huit millions trois
cens trente quatre mille
livres sterling , ci. . . . 8,334,000.

En convenant que les
étrangers se soient éga-
lement rendus créan-
ciers pour les deux cin-

_____

30,834,000

De l'autre part, ci . .   30,834,000

quiemes de la dette con-
tractée pendant la der-
niere guerre ; & en cal-
culant l'intérêt de cette
dette , année par année ,
à mesure qu'elle s'est
formée , & suivant les
différens prix de l'inté-
rêt , la part des étrangers
a été d'environ dix-huit
cents mille livres ster-
ling , cy. 1,800,000:

Total , tant des dépen-
ses extérieures , que des
differents intérêts payés
au dehors , pendant le
cours de l'époque de la
derniere guerre , trente-
deux millions six cents
trente-quatre mille livres
sterling , cy. . .   32,634,000:

L'accroissement de la
dette a été pendant la
même époque d'environ
vingt neuf millions ster-
ling , cy.   29,000,000

De l'autre part, ci . . .   61,634,000 l. ft.

Refte, payé au dehors plus que l'Angleterre n'a emprunté, trois millions deux cents trente quatre mille livres fterling, ci ..   3,234,000:

Et c'eft là tout ce qui peut fervir à former en faveur de l'Angleterre la balance de fes échanges pendant les douze années de cette époque. Par conféquent cette balance n'a été année commune qu'à un peu plus de trois cents mille livres fterling, ci. . . .   300,000:

Mais la balance depuis 1716 jufqu'à la fin de 1738 avoit été année commune de. 587,000:

La diminution qu'il y a eu dans cette balance pendant la derniere guerre, a donc été année commune d'environ. . , .   287,000:

De l'autre part, ci . . . 65,974,000 l. ft.

Et fi l'on compare cette balance avec celle qu'il y avoit eu fous le regne œconome du Roi Guillaume, où l'exportation des grains avoit été moindre, la diminution a été année commune d'environ cinq cents foixante mille livres fterling, ci. . . . . . 560,000 l. ft.

De là il doit fuivre évidemment que fi depuis le regne du Roi Guillaume, l'Angleterre, comme il n'y a point de doute, a beaucoup augmenté chez elle ce qu'on nomme ordinairement *commerce*; ce n'a été qu'à fon defavantage, parce qu'elle n'y a pas obfervé entre fes ventes & fes achats la même proportion qu'elle avoit gardée fous ce regne; & qu'en augmentant fon commerce elle a augmenté fes achats en bien plus forte proportion qu'elle n'a augmenté fes ventes. Elle n'a donc pas été affez frugale dans fes mœurs, quoiqu'il lui convînt de l'être encore plus qu'auparavant, puifqu'elle devoit au dehors, & qu'elle y payoit de gros intérêts

M iij

pour les fommes qu'elle y avoit empruntées. Cela obfervé, j'ai, Monfieur, une
autre calcul à vous préfenter avant de terminer cette fixieme époque.

L'Angleterre n'a eu en
dépenfes extérieures du-
rant cette époque que
pour vingt-deux millions
cinq cents mille livres
fterling, ci. . . . 22,500,000;

Elle a emprunté vingt
neuf millions quatre cens
mille livres fterling.... 29,400,000:

Ainfi elle a emprunté
au de-là de fes dépenfes
extérieures, fix millious
neuf cens mille livres
fterling. 6,900,000:

Lefquels ont été employés pour payer
la plus forte partie des intérêts qu'elle devoit au dehors, tant pour fes anciens emprunts que pour les nouveaux. Or pendant l'époque de la Reine Anne, le payement de ces intérêts l'avoit déja obligée
d'augmenter fa dette nationale d'environ
cinq cent mille livres fterling au de-là du

montant des dépenfes extérieures de cette époque ; & pendant l'époque précédente de la longue paix ce payement avoit fait fortir pour fa part environ deux millions fept cens mille livres fterling de fignes repréfentatifs. Si maintenant, Monfieur, vous joignez ces trois fommes, elles forment enfemble celle d'environ dix millions cent mille livres fterling, & conféquemment elles donnent à peu près la fomme d'environ dix millions cinq cents mille livres fterling que la nation avoit aquittée par fes épargnes, fur celle d'environ vingt millions cinq cents mille livres fterling de dépenfes extérieures paffées pour l'époque du regne fi œconome du Roi Guillaume ; d'où il doit réfulter une preuve évidente, & à laquelle je ne m'attendois pas, de la jufteffe de tous les calculs, même de ceux par approximation, que je vous ai préfentés, tant par rapport aux dépenfes extérieures & militaires, que par rapport à la fortie des fignes repréfentatifs, & par rapport aux intérêts dûs & payés à l'étranger.

L'Angleterre a donc eu tort de chercher en s'engageant dans la derniere guerre, à s'endetter encore plus, lorfqu'elle étoit obligée d'emprunter pour payer les

intérêts de ee qu'elle devoit déja. Elle
étoit donc ignorante & aveugle , & ne
favoit pas compter avec elle-même. Elle
étoit infenfée, comme j'ai d'abord dit, d'ap‑
puyer l'arrogance & l'infolence de fes
démagogues commerçans — D'entrepren‑
dre , pour un tas de Corfaires & une
bande de Monopoleurs, une guerre qui
ne pouvoit que diminuer le montant de
fes ventes — De fe livrer à une frivolité qui
ne pouvoit qu'augmenter le montant de fes
achats — Et ainfi de fe mettre hors d'état
de payer , même les intérêts de fa dette ,
dans un tems où elle devoit s'attacher à
être tranquille & œconome pour acquitter
les intérêts & le capital de cette dette.

> *Quæ te dementia cepit ,*
> *Anglia ?*

Septieme & derniere Epoque.

Le luxe d'oftentation , de vanité , de
parure & de frivolité , qui confondant les
rangs & les fortunes , la pudeur & la prof‑
titution , ne fe montre jamais qu'aux dé‑
pens du luxe néceffaire & folide , & qui
avoit été porté à un fi haut point à la fin
de l'époque précédente ; ce luxe fut abaiffé
au commencement de la préfente , ou
pour mieux dire , il fut forcé de prendre

un essor différent. Il fut vivement attaqué par plusieurs plumes périodiques qui
voulurent imiter celle d'Addison. En même-tems un Pasteur respecté & respectable par ses mœurs, par sa science, & par
ses écrits, celui qui remplissoit alors le
Siége Episcopal de Londres, sentit que
son devoir exigeoit qu'il fît ses efforts
pour tâcher de guerir son troupeau de
cette frénesie. Il composa & publia ses
belles instructions Pastorales, traduites
depuis en plus d'une langue, & justement
admirées de l'Europe. Enfin la Législation
crut aussi devoir interposer son autorité.
Elle mit des bornes à plusieurs de ces
assemblées publiques. Elle en supprima
d'autres, qui devenoient pour les mœurs
des cloaques de corruption & de dissolution, & où le moindre mal pour la nation étoit de trop dépenser, au lieu d'é-
pargner. Mais comme on n'a pas été jusqu'à la source du mal, qui sans doute
étoit ignorée, tout cela n'a servi qu'à diminuer la force de la contagion pour les
mœurs de la bourgeoisie du second & du
troisieme rang. Aux assemblées proscrites
ou limitées par les loix, les femmes en
ont fait succeder d'autres moins publiques & plus décentes. Mais ces nouvelles
assemblées sans être aussi pernicieuses

pour les mœurs en général , le font également par la perte affreuse & irréparable
du tems , & le font encore plus par rapport aux dépenses folles. La décence
qu'on y a mise a excité chacun à y aller ,
& en même-tems à ne s'y montrer qu'avec
tout l'éclat emprunté de la parure & de
la frivolité. Cette décence a même été
cause que ces fortes d'assemblées ont été
adoptées par les Provinces, & imitées par
la plus simple bourgeoisie ; & s'il étoit
possible , que d'un côté elles eussent seulement occasionné une perte de tems , &
de l'autre une plus grande consommation de soye & de thé , * productions
étrangeres , elles auroient toujours servi
à diminuer d'un côté les productions &
les ventes de la nation , & de l'autre ,
à beaucoup augmenter ses achats.

On ne fut pas longtems sans avoir des
marques visibles que la dépense de l'Angleterre étoit bien plus forte que sa recette. Le prix du cours du change , l'i-

---

* En supposant qu'il y ait en Angleterre trois
millions de personnes qui , l'une portant l'autre ,
dépensent huit francs par an en thé ; cela fait ,
pour cette miserable drogue afiatique , une dépense nationale & annuelle d'environ un million
sterling.

naction des balanciers à l'Hôtel des Monnoyes, & le haut prix qu'avoient fur la
bourfe les matieres d'or & d'argent, le
dénotoient déjà ; & l'on en eut une nouvelle preuve par la raretés des efpeces
monnoyées, non-feulement dans les Provinces, mais même dans la Capitale. Les
emprunts faits au dehors pendant la guerre
précédente avoient, de maniere ou autres, fourni à l'Angleterre plufieurs millions fterling, qui avoient paru & circu-
lé dans le commerce, à mefure qu'ils a-
voient été fournis. Mais après la paix, n'y
ayant plus d'emprunts, ce rempliffage
ruineux avoit ceffé ; & l'Angleterre étant
obligée de payer aux dehors la balance
qui alloit contre elle, les efpeces devinrent fi rares, qu'en 1753 & 1754 on avoit
de la peine à recevoir chez un banquier
de Londres le payement, de cent livres
fterling en or legal du pays : quant aux
monnoyes d'argent, il n'y en avoit prefque plus. On étoit donc contraint de
recevoir en payement, ou des billets de
banque qui font refufables par la loi,
ou des moiedors de Portugal qui font é-
galement refufables, qui font rarement
de poids, & qui paffent, lorfqu'ils le font,
pour environ trois quarts pour cent plus

qu'ils ne valent. En même-tems les Guinées étoient communes dans la Flandre
Françoise & dans la Flandre Autrichienne. Le prix du cours du change étant fort
haut contre l'Angleterre, plusieurs négocians Anglois qui avoient des payemens
à faire de ce côté de la Mer, risquoient
la confiscation ordonnée par la loi, &
faisoient sortir l'or d'Angleterre pour
payer comptant sur les lieux, & gagner
le prix du cours du change. C'est même
ce qu'aucune loi prohibitive ne pouvoit
empêcher. Lorsque la dépense générale
d'une nation passe sa recette générale, il
faut nécessairement, ou que cette nation
paye comptant au dehors en signes représentatifs, ou qu'elle solde son compte, se
reconnoisse débitrice de la balance, &
convienne avec ses créanciers de leur en
payer l'intérêt, ce qu'on peut appeller,
manger son bled en herbe. Et s'il y a des
loix qui prohibent la sortie des signes représentatifs, il faut les mettre au néant,
comme fausses, vicieuses, pernicieuses,
meurtrieres, & *inexécutables*. Elles ne
sauroient avoir été mises au jour par
ceux qui savent quelque chose sur la nature du commerce. Elle ne peuvent être,
à cet égard, que le produit des jours de
barbarie & d'ignorance.

Ce fut au milieu de toutes ces circonftances pour l'intérieur de l'Angleterre,
que trois hommes, agités des fureurs de
l'ambition, conjurerent enfemble, & for-
merent une efpece de triumvirat, pour
engager leur patrie dans la préfente guerre.
Ils furent fecondés dans leurs deffeins par
le feu Roi, qui vertueux & laborieux
s'attachoit trop aux détails, aimoit trop
l'intrigue de la négociation du cabinet,
& avoit pour la guerre un penchant naturel que l'âge avoit peine à réprimer. Ils
y furent auffi fecondés par deux de leurs
compatriotes qui étoient alors parmi nous;
mais dont l'un n'agiffoit que pour plaire à
fon protecteur, tandis que l'autre, ambi-
tieux & brouillon, avoit de longues vûes
particulieres, des vûes finiftres, meme pour
fa patrie, & efperoit de pouvoir, au milieu des troubles de la guerre, s'élever
une efpece de trône en Amérique. Peut-
être qu'au lieu d'en être puni, il y auroit
réuffi, s'il eut été plus fage, plus prudent,
moins fuperficiel, & qu'il eut mis fon
plan moins à découvert.

La nation, qui commençoit à fentir que
le poids de fa dette s'appéfantiffoit fur
elle, fe prêta avec difficulté aux fentimens
qu'on lui vouloit infpirer. Plufieurs n'é-

toient point fâchés que les Colonies eu∫-
∫ent quelque cho∫e à craindre de notre
part. Ils regardoient cette crainte comme
une ∫ureté pour la Métropole & pour l'Europe entiere. Les commerçans, qui avoient
demandé la précédente guerre avec in∫o-
lence & clameur, ∫e tai∫oient, ou du
moins n'o∫oient pas élever la voix. Les
créanciers de l'État ne pouvoient pas ∫e
cacher que la guerre feroit tomber les anciens fonds , & rendroit leur créance
moins ∫olide. Les propriétaires en fonds
de terre redoutoient la rupture qui devoit
augmenter leurs charges ; & M. Guillaume
Pitt à leur tête, quoiqu'il n'ait qu'une très
petite propriété territoriale, * déclamoit
vivement contre les engagemens que la
Cour avoit déja pris ∫ur le continent , &
contre ceux qu'elle vouloit encore prendre. Il in∫i∫toit ∫urtout qu'on s'a∫∫urât *de
la neutralité avec l'E∫pagne.* Le nouveau

---

* Lor∫que M. Guillaume Pitt entra en Parlement pour la premiere fois , il fallut donner une
petite entor∫e aux loix fondamentales de la con∫ti-
tution : ∫a propriété territoriale n'étoit pas a∫∫ez
forte pour lui donner droit d'être membre de
cett e a∫∫emblée.

Triumvirat Anglois auroit fans doute é-
choué dans fon plan, fi l'un de ceux qui
le compofoient, n'avoit point ouvert l'a-
vis de forcer la nation à la guerre en lui
faifant violer le droit des gens, & en lui
faifant exercer fur nous la profeffion des
forbans. Il fallut même pour qu'il réuffit,
qu'il fût favorifé par ce qui fe paffoit d'ailleurs fur le continent. Enfin le Triumvirat triompha : la guerre fut ouvertement
déclarée ; & voici l'état tant de ce que
l'Angleterre a payé au dehors, que ce dont
elle s'eft endettée, & de ce que fon commerce lui a abforbé, depuis le premier
Janvier 1751 jufqu'au 31 Décembre 1761.

Suivant le dépouillement que j'ai fait &
donné ci-devant des dépenfes extérieures
de l'Angleterre pendant trente-deux années de guerre depuis 1688 jufqu'au 31
Décembre 1750, ces dépenfes montent
année commune à environ deux millions
cinq cents mille livres fterling. Or en obfervant la même proportion, il y auroit
quinze millions fterling pour les fix années de guerre depuis & y compris 1756
jufqu'à la fin de 1761. Et fi l'on confidere
qu'en 1756 la guerre n'a point penetré fur
le continent de l'Europe; qu'en 1757 elle y

a été très modeste de la patt des Anglois ; & ne leur y a couté qu'environ huit cents mille livres sterling ; & qu'en 1758 , sa dépense , y compris même le subside du Roi de Prusse, n'a été qu'à deux millions cinq cents mille livres sterling ; alors on pourra penser que la somme de quinze millions sterling est trop forte pour les dépenses extérieures de la présente guerre. Mais il y a eu des années de paix que je veux englobler , & pendant lesquelles l'Angleterre a payé quelques petits subsides à des Princes étrangers. D'ailleurs cette Puissance a envoyé & entretenu dans ses Colonies un corps considerable de troupes , ce qui doit former suivant moi partie des dépenses extérieures. De plus , il est certain que la guerre sur le continent de l'Europe a plus couté à l'Angleterre en 1759 , 1760 , & 1761 , qu'en 1758 ; & je ne cherche point à cacher , qu'à l'exception des dernieres années de la guerre pour la succeffion d'Espagne , l'Angleterre n'a jamais été si avant pour ses dépenses extérieures, que pendant les trois dernieres années. M. Guillaume Pitt, ce fameux Démagogue , qui prend ou quitte les faifceaux au gré du souffle in-

conftant

conftant de la faveur du peuple ; * qui dans la derniere guerre n'avoit pas ceffé de clabauder en Parlement contre les dépenfes faites fur le continent ; & qui avoit même été à leur égard, jufqu'à injurier dans une de fes déclamations, la perfonne toujours augufte du fuprême Magiftrat de la nation : M. Guillaume Pitt, auffi inconféquent fur cet article que fur celui de la neutralité de l'Efpagne, a enchéri fur la prodigalité de ceux qu'il avoit fi hautement condamnés. Ainfi, au lieu de ne paffer ici que quinze millions fterling de dépenfes extérieures, je ne ferai aucune difficulté d'en admettre pour vingt millions. C'eft fans doute trop ; mais n'importe. Je n'ai fait jufqu'ici que batailler, combattre, & vaincre ; je me vois maintenant fur mon char de triomphe ; je dois être généreux, & répandre des graces. Partant, ci . . . . 20,000,000 l.

---

* *Virtus, repulfæ nefcia fordidæ,*
Intaminatis fulget honoribus ;
Nec fumit aut ponit fecurès,
Arbitrio popularis auræ.

Hor. carm. Lib. 11. od. ij.

N

De l'autre part , ci ..   20,000,000 l. ft.

En 1750 il y eut une réduction d'intérêts. Ce qu'il y en avoit à trois pour cent, resta au même taux ; mais ce qui étoit à quatre pour cent fut réduit à trois & demi pour les sept premieres années , & à trois pour toutes les années suivantes. Or en suivant cette réduction , & en regardant les étrangers , ainsi que j'ai fait jusqu'ici , comme créanciers des deux cinquiemes de la dette contractée avant le 31 Décembre 1738 , les intérêts qui leur ont été payés pour cette partie pendant l'époque qui reste à examiner , n'ont pas été tout à fait jusqu'à six millions sept cent mille livres sterling , ci 6,700,000:

La dette contractée pendant la derniere guer-

————————————
26,700,000 l. ft.

De l'autre part, ci . . . 26,700,000 l. ſt.

re a été d'environ vingt-
neuf millions ſterling ,
dont près d'un tiers a été
emprunté à trois pour
cent , & le reſte à quatre.
Mais depuis 1750 cette
derniere partie a ſubi la
réduction ci-deſſus à trois
& demi pour cent pour
les ſept premieres an-
nées , & à trois pour cent
pour toutes les ſuivantes.
Si partant de-là on accorde , comme ci-devant ,
que les étrangers ayent
prêté les deux cinquie-
mes de cette ſomme
d'environ vingt - neuf
millions ; les intérêts qui
leur en ont été payés
pendant la préſente épo-
que ont été à un peu plus
de quatre millions cent
mille livres ſterling , &
pour mieux arrondir le
calcul , je les paſſerai
ici pour quatre millions
deux cent mille livres
ſterling , ci .   .   .   4,200,000 :

Les forts emprunts de
la préfente guerre n'ayant
eu lieu que dans les trois
dernieres années , les intérêts qui en ont été
payés aux étrangers , jufqu'au 31 Décembre 1761 ,
ne fauroient avoir paffé ,
en regardant toujours les
étrangers comme créan-
ciers des deux cinquie-
mes , la fomme de quinze
cent mille livres fterling,
ci . . . . 1 , 500 , 000 :

Total des dépenfes ex-
térieures , & de tous les
intérêts payés aux étran-
gers depuis le 31 Dé-
cembre 1750 jufqu'au 31
Décembre 1761 , trente-
deux millions quatre cent
mille livres fterling . . . 32 , 400 , 000 :

Mais pendant cette
même époque la dette
nationale s'eft accrue *au
moins* de trente-fix mil-
lions fterling , ci . . . 36 , 000 , 000 :

L'emprunt a donc ex-
cedé de trois millions six
cent mille livres fterling
le total des dépenfes ex-
térieures & des intérêts
payées au dehors, ci ...   3,600,000:

Et fi les dépenfes ex-
térieures, au lieu d'avoir
été aux vingt millions
fterling où je les ai portées, n'ont été tout au
plus qu'à dix-huit mil-
lions , comme il feroit
raifonnable de l'admet-
tre ; alors cet excedent
feroit de cinq millions
fix cent mille livres fter-
ling , ci . . . . :   5,600,000 l. ft.

Faifant année commu-
ne pour les onze années
de cette époque un peu
plus de cinq cent mille
livres fterling . . . .   500,000 l. ft.

Mais en le laiffant tel
que je l'ai d'abord paffé,
il donne encore année
commune un peu plus de
trois cent vingt-fept mil-
livres fterling , ci . . .   327,000 l. ft.

Or que vous preniez, M, ou la premiere,
ou la derniere de ces deux fommes, celle
que vous choisirez eft la balance annuelle
que le commerce de l'Angleterre a formé
contre elle pendant cette époque, pour
n'avoir pas fait attention que devant de
gros intérêts au dehors, elle ne pouvoit
les payer qu'en vendant en proportion
beaucoup plus qu'elle n'achetoit ; & parce
qu'au contraire elle s'eft éloignée de toute œconomie, s'eft livrée à la frivolité,
s'eft enyvrée d'idées fauffes & chimeriques
fur le commerce, & a acheté beaucoup
plus qu'elle n'a vendu : j'ai en même-
tems droit de faire obferver ici, que s'il
eft vrai, comme plufieurs Anglois le prétendent & comme je l'ai marqué à la note de
la cinquieme époque, que les étrangers ne
foient créanciers que d'un tiers de la dette
nationale ; dans ce cas, la balance du commerce a été bien plus défavorable pendant
cette derniere époque, que je ne viens de
dire. En fuivant cette opinion, & en paffant vingt millions fterling pour les dépenfes extérieures, elle a été annuellement
de près de fept cent mille livres fterling ;
& fi l'on ne paffoit que dix-huit millions
pour ces mêmes dépenfes, elle a été annuellement de près de huit cent quatre

vingt mille livres fterling : j'ajouterai qu'en choififfant l'opinion de Sir Mathieu Dec-ker , que j'ai fuivie comme m'étant la moins favorable , il refte toujours pour certain que depuis le commencement de 1751 , ce n'eft qu'en empruntant que l'An-gleterre a pû payer les intérêts des fom-mes qu'elle doit au dehors ; qu'en même-tems , la balance de fes échanges lui a été contraire de plus de trois cent mille livres fterling , année commune.

Ce Bilan général & raifonné que je viens , Monfieur , de vous préfenter , & dans lequel ce n'eft que par approximation que je prétends être jufte quant au fonds des calculs , ce Bilan , tel qu'il eft & qu'il fauroit être , doit fuffire pour vous con-vaincre.

1°. Qu'un nation peut avoir un com-merce extérieur & borné , & gagner beau-coup par les échanges ; & au contraire avoir un commerce extérieure & fort éten-du , & perdre beaucoup par les échanges.

2°. Qu'une nation ne gagne par le com-merce extérieur , que lorfqu'elle vend plus qu'elle n'achette ; & que fi elle achet-te plus qu'elle ne vend , elle perd.

3°. Qu'une nation ne peut vendre plus qu'elle n'achette , qu'elle ne cultive bien son terrein, & qu'elle n'ait dans ses mœurs une certaine frugalité qui borne nécessairement son commerce extérieur par ce qu'elle borne ses achats au dehors.

4°. Qu'une nation qui cultive bien son terrein , mais qui en même-tems se livre à des frivolités , & des inutilités étrangeres , augmente à la vérité son commerce extérieur ; mais que c'est en augmentant ses achats au dehors ; & que dès-lors elle commence à manger son fonds , & à marcher vers sa ruine.

5°. Qu'une nation qui paye au dehors des intérêts pour des sommes qu'elle y a empruntées , doit être dans ses mœurs beaucoup plus frugale qu'une autre , & vendre en proportion beaucoup plus qu'elle n'achette ; afin de pouvoir sur ses épargnes, non seulement payer ces intérêts, mais encore amortir peu à peu le capital de la dette : d'où il suit nécessairement qu'une nation qui est débitrice au dehors, doit restreindre l'étendue de son commerce extérieur, puisqu'elle doit restreindre l'étendue de ses achats au dehors.

6°. Que l'Angleterre a eu une très forte balance en sa faveur, a peu emprunté, a fait face aux intérêts du dehors, & a payé partie des capitaux empruntés, lorsqu'elle

a été œconome, & que son commerce extérieur a été moins étendu, ainsi que je
l'ai fait voir à l'époque du regne du Roi
Guillaume.

7°. Que l'Angleterre a eu une bien
moindre balance en sa faveur ; qu'elle a
beaucoup emprunté ; qu'elle a eu peine à
faire face aux intérêts dûs à l'étranger ; &
qu'elle n'a rien payé du capital de sa dette,
lorsqu'elle est devenu moins œconome,
& que son commerce extérieur s'est étendu davantage : les branches lucratives
ajoutées par le Traité d'Utrecht, & l'augmentation de l'exportation des grains,
n'ayant pas pû suppléer au manque de frugalité dans les mœurs, & à l'augmentation
des achats au dehors.

8°. Qu'aujourd'hui l'Angleterre a contre elle la balance du commerce extérieur ;
qu'elle emprunte beaucoup ; qu'elle emprunte même pour faire face aux intérêts
dûs à l'étranger ; & que cela est ainsi, &
va en augmentant, depuis qu'elle s'est livrée à la frivolité, & qu'elle a étendu son
commerce de toutes parts.

9°. Que par conséquent le payement
des intérêts dûs au dehors ne sauroit être
mis sur le compte de l'étendue & des profits du commerce extérieur, puisqu'ils

n'ont été payés, fans prendre fur le fonds, que lorfqu'il y a eu le moins de ce commerce ; mais que ce payement a été uniquement le produit de l'œconomie & des épargnes de la nation , puifque dès que cette œconomie & ces épargnes n'ont plus eu lieu, ce payement n'a pû fe faire qu'en prenant fur le fonds , & en empruntant pour payer , ce qui eft toujours le cas de ceux qui dépenfent plus qu'ils n'ont de revenu.

Les richeffes des nations , ainfi que celles des particuliers doivent être confiderées , & comme réelles & comme relatives. Un particulier qui a cent mille livres de rente eft réellement plus riche qu'un autre particulier qui n'en a que cinquante mille. Mais fi le dernier ne dépenfe annuellement que quarante huit mille livres , & que le premier en dépenfe cent deux , le premier devient relativement le plus riche des deux, & l'eft de plus en plus, jufqu'à ce qu'enfin il ceffe de l'être relativement , & le dévient réellement. C'eft à peu près le cas de l'Angleterre comparée en différens tems avec elle-même. Sous la Reine Elizabeth , & jufqu'à la révolution de 1688 , fes terres étoient moins bien cul-

tivées , & elle avoit beaucoup moins de
revenu territorial , d'objets d'échange ,
& de commerce tant intérieur qu'extérieur. Mais fans être riche réellement ,
elle l'étoit relativement à ce qu'elle a été
par la fuite ; & de jour en jour elle le
devenoit réellement. Depuis cette revo-
lution , fes terres ont été cultivées de
mieux en mieux , elle a de plus en plus
augmenté fon revenu territorial , la maffe
de fes objets d'échange , & fon commerce
tant intérieur qu'extérieur : elle en eft
devenue réellement riche. Mais dans ce
même inftant elle a commencé à dépenfer de maniere ou autre plus qu'elle n'a-
voit de revenu , & elle en eft devenue
pauvre relativement à ce qu'elle étoit
auparavant , jufqu'à ce qu'enfin , augmentant toujours fa dépenfe , & allant même
jufqu'à emprunter pour payer , & pour
foutenir fon commerce , & fon luxe de
frivolité , elle en eft devenue réellement
pauvre. Son gros revenu territorial , qu'au
commencement j'ai fixé à huit cent dix
millions fterling , n'eft en ce moment que
nominal. Il s'en faut beaucoup qu'il foit
effectif. Les dépenfes de la guerre , l'augmentation de la dette nationale , celle
des intérêts dûs au dehors , y font une

large brêche , ou pour me fervir des ex-
preffions de mon état , il n'y a plus qu'à
ordonner l'affaut , & favoir y conduire , &
s'y préfenter. Effectivement , Monfieur ,
rappellez-vous , que fous le Roi Guillaume , fous ce regne d'une fage œconomie nationale , la balance des échanges n'a été en faveur de l'Angleterre que
d'environ huit cent foixante mille livres
fterling. Faites enfuite attention, qu'aujour-
d'hui cette balance eft contre elle , &
qu'à datter de la préfente année 1762 , &
en ne regardant l'étranger que comme
créancier d'un tiers de la dette nationale ,
l'Angleterre doit au dehors pour l'intérêt
des fommes qu'elle y a empruntées , au
moins quatorze cent mille livres fterling
par an. Joignez à cela ce que la balance
des échanges commence à emporter annuellement , & la difficulté de ramener
la frugalité des mœurs dans une nation ,
qui s'eft montée de maniere que le rappel de cette frugalité fi néceffaire feroit
un arrêt de mort contre une grande partie de fes membres. Joignez y furtout
que dès demain , dès aujourd'hui , il eft
en notre pouvoir d'enlever à l'Angleterre
cette riche exportation de fes grains qu'elle
ne tient que de notre pure liberalité , &

qui fait cependant sa principale richeſſe
& sa principale force depuis près de cent
ans : exportation, qui, en la lui enlevant,
nous enrichit de plus en plus , & la rame-
ne au point où elle doit être. Il nous eſt
donc bien facile en ce moment de livrer
l'aſſaut au revenu territorial de l'Angleterre, & de réduire les forces de cette
Puiſſance à leur médiocrité naturelle , en
reprenant ſur elle cette ſupériorité qui
nous eſt due dans l'ordre de la nature ; &
ſi la guerre dure encore quelque tems , où
cela n'iroit-il pas contre elle? Où ne la con-
duiroit pas la néceſſité d'emprunter pour
les dépenſes de la guerre , d'emprunter
pour payer les intérêts dûs aux étrangers ,
& même d'emprunter pour ſoutenir le
commerce, tant intérieur qu'extérieur ſur
le pied où il eſt aujourd'hui ? Cette néceſſité acquerroit encore de nouvelles forces , ſi la guerre pénétroit juſques ſur le
continent du Portugal & de l'Eſpagne ,
& même ſi l'Angletere étoit forcée d'a-
bandonner le Portugal & ſes autres alliés.
Les produits de ſa Douane & de ſon *acciſe*
feroient conſiderablement affeétés & di-
minués par ce dernier évenement , par
une déſertion ſi deshonorante , qui ſeroit au fonds une dilacération ſubite de
ſon commerce aétif.

Voilà où se réduisent les peuples qui imitent les Carthaginois ; qui ne sont pas contens du commerce riche , noble & solide que leur donne la culture de leurs terres ; qui veulent avoir plus de commerce que la nature , dans ses décrets irréfragables , ne leur a accordé d'en avoir ; qui possédés du démon trompeur de l'avarice & du gain, soudoyent des mercenaires pour étendre leur commerce par la force de la guerre. Ils creusent eux-mêmes le précipice , où bien-tôt , & tout à coup , on les voit s'abîmer. Carthage, qui en Afrique tenoit sous sa domination trois cent Cités opulentes ; qui pour mieux vendre ses denrées , défendit aux Sardes, sous peine de mort, de cultiver leurs terres ; Carthage, quoique devenue ensuite maîtresse des mines d'Espagne , ne put pas soutenir la guerre de Sicile & les trois guerres Puniques qui furent une suite de la premiere. Après avoir échapé au glaive d'Agathocle , elle tomba sous le fer vainqueur de la charrue de Rome ; & l'on ne la vit plus : on la cherche encore sans pouvoir la trouver. *Exitio est avidis mare nautis.*

J'ai donc évidemment démontré que j'étois bien fondé lorsque j'avançai dans

notre converſation, que le commerce
de l'Angleterre ne donne rien au-delà du
montant du revenu territorial ; & que
quand on a dit à quoi peut monter ce revenu, le produit du commerce s'y trouve
englobé, & l'on a tout dit. J'ai même fait
voir qu'en ce moment le commerce de
l'Angleterre ne ſe fait qu'en diminution
de ce revenu, parce que l'Angleterre
achette plus qu'elle ne vend, & qu'elle eſt
obligée de payer des intérêts pour la ſomme formée par le ſurplus des achats. Toutes mes obſervations ſont donc vraies.
Liées & enchainées les unes dans les autres, elles ſe ſoutiennent & ſe fortifient réciproquement. Toujours tendant au même
but, elles préſentent par leur nombre &
par leur différente nature, une eſpece de
démonſtration mathématique. Il ne manque plus pour completer cette démonſtration, que de répandre plus de jour ſur l'article de la dette de l'État, le ſeul que je
n'ai pas encore pû aſſez *dilucider*.

Dans la dette nationale il faut diſtinguer la partie due aux étrangers d'avec
la partie due aux nationaux, parce que
la nature & les conſéquences de l'une
ſont bien différentes de la nature & des
conſéquences de l'autre.

1°. Les ſommes prêtées par les étran-

gers ne fauroient être le produit d'aucuns
profits , d'aucunes épargnes , qui concernent la nation Angloife , autrement que
parce qu'on lui en a prêté le montant ;
qu'elle en doit le capital & en paye les
intérêts. Elles ne font & ne fauroient être
que le produit des profits ou épargnes des
étrangers ; & il eft certain que ceux-ci ,
en les prêtant à l'Angleterre , font devenus co-ufufruitiers de fon revenu territorial , & en quelque forte co-propriétaires
de fon fol. Je ne penfe pas que cela re-
quiere aucune explication. Mais , Monfieur , faites attention , je vous prie , que
pour ce co-ufufruit , & cette co-proprieté,
les étrangers n'ont d'autre fûreté que la
bonne foi des Anglois , & ne l'ont même
pas. En effet par les loix irreverfibles de
la nature , leur hypotheque fur le revenu
territorial & fur le fol de l'Angleterre ,
eft purement idéale. Il n'y a point de juge
authorifé par aucune loi , & ayant en main
une force fuffifante , qui puiffe ordonner
& faire executer une faifie pour forcer l'Angleterre à payer. La pofition où fe trou-
vent les créanciers étrangers de l'Angleterre , n'eft nullement fimilaire à celle où
étoit le Roi de Pruffe lorfqu'il fit faifir ,
il y a quelques années , les fommes dues
aux

aux Anglois, & hypothequées fur la Si-
lefie. Il fe peut facilement que dans un inftant l'idée même de l'hypotheque fur l'Angleterre foit effacée pour toujours, & la
dette nationale abolie fans payer, foit par
le befoin abfolu & irrefiftible de la nation, foit par une révolution quelconque,
foit auffi, & tout fimplement, par le parti
des propriétaires des terres qui a le plus
de force réelle, & qui eft vivement inté-
reffé à l'anéantiffement de la dette fans
payer.

2°. Les intérêts payés aux étrangers
pour les fommes qui ont été empruntées
font une diminution réelle du revenu particulier des propriétaires qui feuls en font
refponfables, parce que tout ce qui eft
levé pour les dépenfes de l'Etat, ne le
fauroit être qu'en diminution de leur revenu. C'eft un principe dont nous fommes convenus, & qui eft indifputable par
tout, où comme dit le profond & célebre
Locke, la terre forme la principale fubfiftance des hommes ; & j'ai prouvé qu'en
Angleterre il n'y a d'autre revenu pour la
nation, que celui de la terre. En même-
tems, comme ces intérêts payés aux étrangers ne font point dépenfés parmi la nation, ils ne peuvent qu'être une partie

O

confiderable de fon revenu territorial,
dont elle n'a plus aucune jouiffance : ils
font donc auffi pour elle une perte réelle
& annuelle. Il y a plus : la nation fe croit
libre, & l'eft à beaucoup d'égards. Mais
comme débitrice envers les étrangers
pour de groffes fommes portant intérêt,
elle n'a par rapport à eux que le fort des
efclaves. Elle n'eft du moins par rapport à
eux que comme le ferf de la glébe, qui
après avoir donné à fon champ, fon labeur,
fes fueurs, & fes veilles eft obligé de
prélever fur le produit de fa récolte, quel
qu'il foit, le tribut qu'il doit à fon maître.
De même il faut que l'Angleterre, avant
de jouir du produit de fon fol, de fon labeur, de fes fueurs, & de fes veilles, pré-
leve fur ce même produit, quel qu'il foit,
les intérêts qu'elle doit aux étrangers pour
les fommes qu'elle en a empruntées. Il
n'y a en fa faveur de différence entre elle
& le ferf de la glébe, que celle de pouvoir, non fans impunité, mais fans craindre le dernier fupplice, manquer de foi,
fe révolter, & en quelque maniere affaffiner fon maître en refufant de le payer.

3°. Les fommes prêtées par des nationaux font certainement le produit des profits ou épargnes de ces nationaux, confé-

quemment d'une partie de la nation ; &
c'eſt ici le point principal à éclaircir à
l'égard de la dette de l'Etat. On peut de-
mander ſi ce produit s'eſt formé aux dépens des nations étrangeres, ou à ceux de
quelque partie de la nation Angloiſe. Si
c'eſt aux dépens des étrangers , comme
l'Angleterre ne reçoit point de ſubſides,
& qu'au contraire elle en accorde, ce produit ne peut avoir eu lieu que par une
forte balance en faveur des Anglois , formée uniquement par les profits particuliers des commerçans d'Angleterre ſur les
nations étrangeres. Mais outre toutes les
différentes preuves que j'ai données que
l'idée de pareils profits n'eſt qu'une idée
imaginaire, & que le commerce,quoiqu'il
puiſſe ſervir à augmenter le revenu territorial , n'y ajoute cependant rien , parce
que ce revenu englobe toujours tout : outre ces preuves, dis-je , vous pouvez ,
Monſieur , vous rapeller facilement que
la balance dans les échanges , produite uniquement par les épargnes de la nation depuis 1688 juſqu'à la fin de 1761 , a été
abſorbée , & beaucoup au-delà par les intérêts payés aux étrangers. Or n'y ayant
eu , & ne pouvant y avoir aucune autre
balance en faveur de la nation , il doit ſui-

vre néceffairement de-là qu'aucune partie
des fommes prêtées à l'Etat par des nationaux, n'a pû être le produit de profits faits
fur les étrangers. Cela étant, les fommes
ainfi prêtées ont dû fe former entierement
fur le revenu territorial, foit aux dépens
du revenu particulier des propriétaires en
fonds de terre, foit par les épargnes particulieres d'un petit nombre de ces propriétaires. Mais ceux-ci ne font pas naturellement portés à épargner : ils le font
bien davantage à dépenfer, & même à
diffiper. On ne voit gueres en Angleterre,
non plus qu'ailleurs, un grand propriétaire ayant fon porte-feuille garni de tîtres
de créance fur le public. On n'y trouve
gueres ces effets qu'entre les mains de
ceux qui exercent le commerce, ou intérieur ou exterieur, entre celles des gens
de loi, des gros commis de bureaux, de
quelques grands dignitaires de l'Eglife,
mais principalement entre celles des directeurs des compagnies privilegiées, &
autres gros négocians, des banquiers, des
Juifs, des agioteurs, des ufuriers, & autres gens à porte-feuille, autres frelons,
autres fangfues de la nation. J'obferverai
auffi que les privileges exclufifs de certains corps, & l'acte de la navigation,
ayant ôté la concurrence, & ayant établi

un monopole légal contre les propriétaires en faveur de ceux qui s'occupent du commerce, tant intérieur qu'extérieur, ces derniers ont été maîtres de porter fort haut leurs profits & leurs épargnes sur le revenu territorial aux dépens des propriétaires. Ainsi à la faveur de loix absurdes, protectrices du pillage, & destructrices du vrai commerce & de la nation, ils se sont enrichis au-delà de ce qui étoit juste. Ils ont eu libre carriere pour imiter l'intendant qui se hâte de piller son Seigneur, dans le dessein de lui prêter à intérêt ; & la nation aveugle & inconsidérée a crû que leurs richesses étoient un gain fait sur l'étranger. Elle n'a pas vû qu'elles ne s'accumuloient si considerablement qu'aux dépens de la partie la plus essentielle d'elle même, qu'au dépens de la partie propriétaire en fonds de terre. Elle n'a même pas vû que la guerre faisoit sortir ces richesses, & au-delà, à mesure qu'elles étoient amassées & ensuite prêtées à l'Etat ; & qu'elle étoit privée de la jouissance que naturellement elle en auroit eue, s'il n'y avoit point eu de guerre, & qu'elles fussent restées entre les mains des propriétaires pour les dépenser à leur gré. Enfin, elle a assez peu entendu ses vrais intérêts, elle a été, comme je

J'ai déjà dit, affez infenfée pour demander avec clameur & infolence la derniere guerre contre l'Efpagne , afin de proteger le pillage d'un tas de corfaires & d'une bande de monopleurs & d'ufuriers , qui ne travailloient qu'à s'enrichir eux = mêmes en la privant de fon bien , & en la précipitant dans l'abîme. Or vous avez vû , Monfieur , ce que cette guerre & celle qui s'y eft jointe contre la France , ont couté à l'Angleterre , & lui coutent encore par les intérêts que la nation eft obligée de payer — Ainfi , comme il eft vrai que le capital dû aux nationaux n'eft pas le produit d'un profit national ; il eft é-galement vrai qu'il a été prefque tout entier une perte réelle & effective pour les propriétaires en fonds de terre qui n'en ont fauvé que la petite partie qui a été le produit de leurs propres épargnes ; & que quoiqu'il ne puiffe pas d'abord être regardé comme une perte pour la nation , la guerre l'a cependant rendu tel. Il faut auffi bien faire attention à trois différentes chofes — La premiére eft , que les gros emprunts faits parmi les nationaux ont en-couragé un grand nombre de citoyens à vivre oifivement dans le célibat aux dé-pens de la nation — La feconde eft , que

ces emprunts ont crée dans le commerce
un nouveau monopole en faveur des plus
riches commerçans, parce qu'ils ont empêché de prêter à un intérêt modique
aux commerçans qui avoient besoin de
fonds pour des entreprises un peu consi-
derables ; & que ce monopole a servi à
augmenter encore plus la fortune des riches commercans aux dépens du revenu
particulier des propriétaires—La troisieme
est, que la formation du gros capital dû à
des nationaux, & les monopoles, les
usures qui l'ont favorisée, ont fait naître ce qui sera toujours pernicieux dans
toutes sortes de gouvernemens — Ce qui
amenera toujours la dissolution des mœurs,
pronostic fatal de la décadence des Etats
—Ce qui sera toujours, ou une source
féconde des factions, de dissensions, &
de discorde, ou l'extinction de l'honneur, de la loyauté envers le gouvernement, & de toutes les vertus patriotiques—Enfin ce qui pourra un jour être
capable de former une nouvelle révolution dans le gouvernement Britanique.
Elle a abaissé au dernier rang la vertu,
qui est si difficile à pratiquer ; & elle a
élevé au premier l'argent qu'on acquiert
par toutes sortes de moyens. Elle a avili

la fidélité , la probité , la honte de faire le
mal , la pudicité des mœurs , & toutes
les vertus morales. * Elle a mis des hommes extrêmement nouveaux de pair avec
des hommes extrêmement anciens , & a
souvent placé le serviteur au - dessus du

---

* *Multò maxumum bonum patriæ , tibi , liberis ,
postremò humanæ genti , pepereris , si studium pe-
cuniæ aut sustuleris , aut , quòd res feret , minueris.
Aliter , neque privata res , neque publica , neque
domi , neque militiæ , regi potest. Nam ubi cupido
divitiarum invasit ; neque disciplina , neque artes
bonæ , neque ingenium ullum satis pollet : quin ani-
mis magìs , aut minùs maturè , postremò tamen su-
cumbit. Sæpe jam audivi , qui reges , quæ civitates
& nationes , per opulentiam magna imperia amise-
rint , quæ per virtutem inopes ceperant : id adeò
haud mirandum est. Nam ubi bonus deteriorem di-
vitiis magis clarum , magisque acceptum videt ; pri-
mò æstuat , multaque in pectore volvit : sed ubi glo-
ria honorem magìs in dies , virtutem opulentia vin-
cit , animus ad voluptatem à verò deficit. Quippe
gloriâ industria alitur : ubi eam dempseris , ipsa per
se virtus amara atque aspera est. Postremò ubi di-
vitiæ claræ habentur , ibi omnia bona vilia sunt ,
fides , probitas , pudor , pudicitia. Nam ad virtutem una & ardua via est : ad pecuniam , quâ cui-
que libet , nititur : & malis , & bonis rebus ea crea-
tur.*

Sall. de Rep. ordin.

maître. Ces hommes nouveaux , enrichis
des dépouilles de la nation , font devenus cô-propriétaires du fol avec les anciens poffeffeurs , dont les ancêtres l'a-
voient acquis au prix de leur fang. Ils les
ont expulfés des lieux où depuis tant de
fiecles repofoient les cendres majeftueu-
fes de ces mêmes ancêtres , défenfeurs des
Rois & de la patrie , & renommés dans
les faftes de la nation. Ils fe font affis avec
eux dans l'affemblée la plus augufte de
l'Etat ; & par le nombre de leurs fuffra-
ges ils ont fouvent décidé en leur propre faveur. Ils en ont réduits plufieurs à
ne pouvoir prefque plus fubfifter qu'en
mêlant le fang le plus pur & le plus noble avec le fang le plus impur & le plus
vil. Enfin , ils n'ont prefque rien laiffé
aux anciens propriétaires qu'un défir ar-
dent de tout renverfer & de tout reprendre. De-là fe font déja élevés différens
partis dans l'Etat, celui de la Cour, celui
des Propriétaires & des Provinces , &
celui de la capitale, des hommes à porte-
feuille, des frélons , & des fang-fues de
de la nation. De-là, la partie de la dette
dûe aux nationaux peut attirer à la nation des maux bien plus terribles que ne
fauroit être la perte actuelle & vifible du

capital dû à l'étranger. C'est un feu qui couve fous la cendre ; & qui d'un moment à l'autre peut éclater en un incendie violent, dont le premier & le moindre effet, fuivant les loix inaltérables de l'ordre éternel, & de la Juftice éternelle, fera de ruiner les créanciers nationaux.

4°. Les intérêts payés aux créanciers nationaux, étant cenfés dépenfés dans le pays, doivent être réputés faire partie du revenu territorial. Mais comme ils ne font payés, & ne fauroient être payés qu'en diminution du revenu particulier des propriétaires, tout ce que j'ai dit en dernier lieu dans l'article précédent convient à celui-ci ; & il n'y a aucun des maux que leur capital puiffe attirer à la nation, auquel ils ne doivent néceffairement participer.

Appuyé d'une opinion généralement & publiquement reçue, vous ne vous attendiez certainement pas, Monfieur, que j'aurois fi bien foutenu & fi bien démontré à l'égard du commerce de l'Angleterre, ce qui vous avoit paru fi abfurde & fi ridicule lorfque je l'avançai dans notre converfation. Cependant pour arriver au point où je fuis venu, je ne fuis d'abord parti que de deux principes affez

fimples : l'un ; que fans le produit de la
terre, il n'y a pour les hommes, ni biens,
ni richeffes : l'autre que tout commerce
eft échange, & ne fe fait qu'en *donnant=
donnant* : qui n'a rien a donner ne peut
pas commercer ; il ne peut que recevoir
des préfens, ou recevoir l'aumône. Ce
font ces principes, en eux-mêmes, qui
m'ont fait fentir ; il y a près de vingt-
cinq ans, que le commerce n'étoit pas
ce qu'on penfoit, & que l'opinion générale qu'on en avoit,ne pouvoit être qu'une
erreur. Enfuite l'étude de l'hiftoire ancienne & moderne, celle de la politique,
celle de la guerre, de fes caufes & de fes
effets, celle de l'Angleterre en particulier, les voyages, & la converfation des
hommes, ont peu à peu développé ces
principes à mes yeux, & m'ont fourni
des faits qui d'eux-mêmes venoient s'y
ajufter & en prouver la folidité. Mon plus
grand travail, celui qui m'a couté le
plus, a été de diftinguer les differentes
nuances que des circonftances différentes
mettent toujours dans les conféquences
des principes généraux. *Hoc opus, hic la-
bor eft.* Voilà le grand œuvre ; & c'eft
faute de cette diftinction que dans tous
les genres fe forment toutes les erreurs

des hommes. Oui , nos erreurs ne viennent que de ce que nous ne diſt nguons
pas aſſez cette différence de nuances que
doit produire la différence des circonſtances ; & c'eſt à peu près ainſi qu'on a
indiſtinctement , ou blamé , ou loué le
luxe , ſans diſtinguer la différence des
circonſtances qui le produiſoient, & celles
des nuances ſous leſquelles il ſe montrôit.
Mais pour revenir à notre objet particulier, j'ai déja conſideré , développé , établi , & éclairci tant de différentes choſes
qui concourent toutes au même but, qu'au
riſque de me répéter moi-même, je dois
rappeller & remettre ſous vos yeux les
points capitaux que j'ai traités & prouvés ,
ou dont nous convinmes dans notre converſation. C'eſt anſſi ce que je vais faire.

Nous convinmes donc dans notre converſation :

1°. Que dans la reproduction annuelle
du territoire d'une nation quelconque , il
y a trois choſes à diſtinguer — La premiere
eſt la production totale—La ſeconde eſt
le revenu territorial , qui conſiſte en
tout ce que la terre reproduit outre &
par deſſus les fraix , avances , & juſtes profits de ceux qui la travaillent & l'exploitent.—Et la troiſieme eſt le revenu par-

ticulier des propriétaires en fonds de terres, qui confifte en ce qui refte du revenu territorial après qu'on en a prelevé
toutes les dépenfes & charges publiques.

2°. Que par exemple les dixmes payées
aux Eccléfiaftiques font une charge publique, dont le montant fait toujours partie du revenu territorial, fans faire partie du revenu particulier des propriétaires.

3°. Qu'en fuppofant trente cinq millions
d'acres en produit, rendant l'une dans
l'autre vingt-deux francs par deffus les
fraix, avances & juftes profits de l'exploitation ; alors le revenu territorial de l'An-
glèterre proprement dite n'eft que d'environ huit cent dix millions tournois,
y compris les dixmes des Eccléfiaftiques.

4°. Qu'en comprenant tout ce qui doit
y être compris, notre revenu territorial
eft à peu près de niveau avec celui de
l'Angleterre, quant à la valeur numéraire.

5°. Que les Anglois n'ont d'autre avantage fur nous par leur revenu territorial
que d'avoir à partager le leur entre un
moindre nombre d'hommes que nous n'a-
vons à partager le nôtre ; d'où il peut

fuivre que chaque Anglois, l'un dans l'autre, ait environ le double à dépenfer de ce qu'a chaque François.

J'ai dit, j'ai fait voir, & j'ai prouvé & démontré dans ma lettre :

1°. Que lorfqu'en Angleterre la taxe fur les terres eft en apparence aux quatre fols pour livre ou au cinquieme, elle eft réellement au moins aux deux fols pour livre ou au dixieme.

2°. Que les 35 millions d'acres que l'Angleterre peut avoir en produit ne rendent aux propriétaires, l'une dans l'autre, qu'environ onze francs, ce qui ne donne pour les trente-cinq millions d'acres, que trois cent quatre-vingt-cinq millions de livres tournois.

3°. Que fur ces trois cent quatre-vingt-cinq millions les propriétaires font encore chargés de payer leur part directe dans les impôts mis fur les objets de confommation, & de payer leur part dans la taxe fur les terres, laquelle va, y compris le doublement pour les Catholiques Romains, à environ trente-neuf millions tournois, les maifons ne payant de cette taxe qu'environ neuf millions tournois ; parce qu'elles ne payent qu'environ le vingtieme du loyer, lorfque les terres payent le dixieme de la rente.

4°. Que le revenu territorial de l'E-cosse ne donne rien à l'Angleterre : qu'au contraire l'Ecosse subsiste en partie par le revenu térritorial de l'Angleterre, soit par le commerce qu'elle fait avec elle, soit autrement.

5°. Que le revenu territorial de l'Irlande peut fournir annuellement à l'Angleterre quinze millions tout au plus ; mais que l'Irlande par son commerce avec l'Angleterre reprend ces quinze millions, & au-delà.

6°. Qu'il en est à peu près de même des Colonies, qui par leur commerce avec l'Angleterre reprennent presque tout ce que leur revenu territorial peut lui porter de maniere ou autre.

7°. Que le commerce de l'Angleterre avec les Indes ne se fait qu'à force d'y porter des matieres d'or & d'argent, & avec une très-grande perte pour la na-tion, qui pourroit facilement se passer, si elle étoit sage, de toutes les frivolités & de toutes les inutilités qu'elle va cher-cher à si grands frais dans les Indes, & qu'elle consomme presque toutes elle-même. En même-tems j'ai pris de-là oc-casion de faire voir que le commerce des

Indes a été une des principales caufes de
la deftruction de l'Empire Romain ; &
j'ajouterai ici , que fi ce commerce n'em-
portoit que l'or & l'argent qu'on pourroit bien en tirer d'ailleurs, ce feroit peu de
chofe ; mais qu'il nuit à l'Agriculture des
nations Européennes & cultivatrices.

8°. Que par le prix du cours du change,
l'Angleterre perd avec Venife , la Ruffie ,
Hambourg , Amfterdam , & même en ce
moment avec la France : qu'elle gagne
fort peu avec les autres comptoirs, ne gagnant plus aujourd'hui avec le Portugal
autant qu'elle faifoit au commencement
du fiecle , lorfqu'elle foudoyoit & entretenoit une armée confiderable en Efpagne.

9°. Que le change d'Amfterdam étant
comme le pivot fur lequel roulent tous
les autres changes ; & Londres perdant
depuis long-tems , même pendant la paix,
environ cinq pour cent par le prix du
cours du change avec Amfterdam ; il y a
en cela feul quelque chofe de plus fort
qu'un préjugé pour faire penfer que fur
le total de la balance générale , l'Angleterre perd plutôt qu'elle ne gagne.

10°. Que l'exportation des matieres d'or
& d'argent eft pour le moins auffi forte en
Angleterre,

Angleterre, que peut l'être l'importation de ces mêmes matieres.

11°. Que depuis la refonte générale de 1696 jusqu'au 31 Décembre 1748, l'Angleterre n'a fabriqué qu'un peu plus de dix-neuf millions sterling ; & que le commerce est bien éloigné de pouvoir rien revendiquer sur cette somme, puisque pendant la même époque l'Angleterre a reçu en matieres d'or & d'argent une somme plus forte, d'environ une moitié en sus, par les emprunts qu'elle a faits chez l'étranger ; & qu'il faut d'ailleurs défalquer sur cette somme d'environ dix-neuf millions sterling, tout ce qui n'a été que refabriqué ou remplacé, & qui peut aller à environ la moitié.

12°. Que depuis plus de vingt ans les matieres d'argent se vendent sur la bourse environ trois pour cent & demi plus qu'à l'Hôtel de la Monnoye, en ayant même égard à quatre pour cent & demi de fausse proportion établie entre l'or & l'argent par les loix de l'Angleterre ; & que de-là les monnoyes d'argent sont devenues si rares qu'en 1759 un citoyen respectable a proposé d'y suppléer par des monnoyes d'étain.

13°. Que depuis environ trente ans,

P

les matieres d'or ont valu sur la Bourse environ deux & un quart pour cent plus qu'à l'Hôtel des Monnoyes ; & qu'aujourd'hui ce *surprix* est à deux & demi pour cent, ce qui marque que la rareté des matieres d'or augmente au lieu de diminuer. J'ai en même-tems marqué pourquoi l'argent étoit en proportion plus cher que l'or.

14°. Que les six derniers articles , & principalement les deux derniers sont une preuve authentique & incontestable, qu'en tems de paix comme en tems de guerre, la dépense générale de l'Angleterre est depuis plus de vingt ans plus forte que sa recette générale.

15°. Que toutes les dépenses militaires de l'Angleterre , tant par terre que par mer , depuis la révolution de 1688 jusqu'au dernier Décembre 1750, montent à environ cent quatre-vingt-huit millions sterling ; mais que sur cette somme il faut déduire tout ce qui a pû être dépensé dans la nation ; & qu'alors les dépenses extérieures ne montent, en les passant au plus fort, qu'à environ quatre-vingt millions sterling : savoir , sous le Roi Guillaume environ vingt millions cinq cent mille ; pour la guerre de la succeslion d'Eſpagne, environ trente-cinq millions cinq cent ; & ſous les Rois Georges I & Georges II, juſqu'au 31 Décembre 1750 environ vingt-quatre millions.

16°. Que d'un autre côté la nation devoit au 31 Décembre 1750, environ ſoixante-quinze millions ſterling, & que de plus il étoit ſorti de chez elle la valeur d'environ quatre millions cinq cent mille livres ſterling des ſignes repréſentatifs qu'elle poſſedoit en 1688 & en 1696 : leſquelles deux ſommes font enſemble celle d'environ ſoixante dix-neuf millions cinq cent mille livres ſterling.

17°. Qu'une balance ſi égale entre les dépenſes extérieures d'un côté, la dette de la nation & la perte ſur la maſſe des ſignes repréſentatifs de l'autre, doit ſervir de nouvelle preuve en confirmation de celles données auparavant pour établir que le commerce de l'Angleterre n'ajoute rien au-delà de la valeur du revenu territorial, & que quand on a donné cette valeur, on a tout dit.

18°. Qu'il n'y a que deux objections à faire contre cette derniere preuve, dont la premiere eſt que je peux m'être trompé, & n'avoir pas aſſez paſſé pour les dépenſes extérieures ; & la ſeconde, que dans mes calculs je n'ai point tenu compte des intérêts que l'Angleterre a payés aux étrangers pour les fommes qu'elle en a empruntées ; lefquels intérêts n'ayant point été dépenfés dans la nation, n'ont point fait partie du revenu territorial dont elle a joui, & n'ont pû être que le produit des profits faits par le commerce.

19°. Que par rapport à la premiere objection j'ai eu grand foin de ne la pas mériter ; & que d'ailleurs j'en appelle à l'hiftoire imprimée des dettes nationales de l'Angleterre, aux réfolutions imprimées de fon Parlement, & à toute la nation Angloife.

20°. Que quant à la feconde objection, elle eft d'un genre bien différent ; qu'il faut la détruire, & à cet effet entreprendre le Bilan général & raifonné de l'Angleterre depuis 1600 jufqu'au 31 Décembre 1761, en divifant toute cette longue fuite d'années en fept différentes époques que l'hiftoire d'Angleterre a pris foin elle-même de marquer & de diftinguer.

21°. Que depuis 1600 jufqu'au rappel de Charles II. en 1660, la balance des échanges fut année commune de près de cent foixante mille livres fterling en faveur de l'Angleterre — Parce que l'or

& l'argent des Espagnols se répandoient
de plus en plus en Europe — Parce que
depuis 1562 la Reine Elisabeth avoit per-
mis l'exportation des grains , ce qui avoit
encouragé au labourage, & avoit de plus en
plus affranchi l'Angleterre du tribut qu'elle
payoit aux étrangers pour les grains qu'elle
en tiroit avant cette permission — Parce
que pendant toute cette époque les
mœurs furent rigides & severes , l'œconomie de la nation fut très-grande—Parce que cette sévérité des mœurs & cette
œconomie de la nation furent cause
qu'elle vendit beaucoup plus qu'elle n'a-
cheta ; d'où vint entierement la balance
en sa faveur , & non de ce qu'on appelle
ordinairement *commerce* , mot devenu
très-équivoque , pour ne pas dire , barbare & absurde dans le sens qu'on veut
lui donner.

22°. Que la frivolité que Charles II.
introduisit dans sa Cour pénétra peu dans
la capitale , & encore moins dans les
provinces. Qu'ainsi malgré cette frivolité
& d'autres choses qui dûrent diminuer
les ventes & augmenter les achats de
l'Angleterre , les Anglois eurent encore
dans les échanges , année commune depuis 1660 jusqu'en 1688 , une balance en

leur faveur d'environ cent foixante mille livres fterling ; mais qu'ils ne dûrent cette balance qu'à la faute que commit la France au commencement de cette époque, en gênant l'exportation de fes grains pour enrichir l'Angleterre de cette riche branche de commerce , de cette noble manufacture dont elle ne pourra jamais avoir du débit au-dehors lorfque la France le lui défendra en fe le permettant à elle-même.

23°. Que l'époque qui commence & finit avec le regne du Roi Guillaume eft celle où l'Angleterre a le plus joui de ce qu'on peut à jufte titre appeller un commerce riche & folide , où la balance de fes échanges , immenfe en fa faveur, a été année commune à environ huit cent foixante mille livres fterling : que les caufes qui produifirent cette forte balance dans les échanges furent — La profcription de tout luxe d'oftentation & de tout luxe de frivolité, pour n'admettre que le luxe folide & néceffaire de la propreté, de la décence, de l'aifance, de la dignité & de la grandeur — La grande amélioration de l'Agriculture — L'augmentation de l'exportation des grains par la prohibition de l'exportation des nôtres — La diminution de l'importation des autres

denrées, & l'augmentation de leur expor-
tion fous les noms équivoques de main-
d'œuvre & d'induftrie — En un mot , une
grande augmentation dans les ventes , &
une grande diminution dans les achats.
Qu'il arriva de-là , que la France , donnant de fon côté dans la frivolité, & s'é-
tant prohibé l'exportation des grains ,
gagna des batailles , prit des villes , fac-
cagea les pays ennemis , s'appauvrit , &
fit une mauvaife paix ; & qu'au contraire
l'Angleterre perdit des batailles , laiffa
prendre des villes & faccager fes alliés ,
s'enrichit , & fit une paix avantageufe
pour elle & fes alliés. Que cependant les
dépenfes extérieures de la guerre, & les
intérêts payés au - dehors , abforberent
toute la balance annuelle d'environ huit
cent foixante mille livres, faifant pendant
quatorze ans environ douze millions fterling ; & qu'en outre l'Angleterre fut forcée d'hypothéquer fon fol & fon revenu
territorial, tant à des étrangers qu'à des
nationaux pour environ dix millions fterling.

24°. Qu'après la mort de Guillaume ,
il y eut moins de frugalité dans les mœurs
de la nation — Le thrône fut occupé par
une femme ; & à l'exception d'Élizabeth

d'Angleterre le regne des femmes ne fut
jamais celui d'une œconomie nationale—
Le Parlement étant devenu annuel dé-
puis 1688, les femmes commencerent
sous la Reine Anne à se mettre sur le pied
de suivre en affluence leurs maris dans
la capitale ; & c'en fut assez pour introduire dans les mœurs beaucoup moins
de frugalité, sans cependant y introduire
encore beaucoup de frivolité — La nouvelle Compagnie des Indes, établie depuis 1698, augmenta ses forces de plus
en plus & fit insensiblement prendre goût
pour le luxe puérile & dispendieux de
la porcelaine, pour le luxe journalier &
pernicieux du thé, & pour celui d'autres pareilles miseres exotiques. Que de
ces trois causes il suivit que sur le total
les achats de la nation s'augmenterent en
bien plus grande proportion que ne firent les
ventes, quoique le commerce s'aggrandît
& s'étendît, & que les commerçans, surtout les chefs de la Compagnie des Indes,
pussent faire de plus gros profits — Quoique la balance du commerce avec le Portugal fût au plus haut point où il ait jamais été — & quoique l'exportation des
grains allât toujours en augmentant. Qu'en
conséquence de la plus grande augmen-

tation tant dans les achats que dans les ventes, la balance annuelle des échanges, qui avoit été d'environ huit cent soixante mille livres sterling sous le Roi Guillaume, ne fut plus en la portant au plus haut point que d'environ cinq cent quatre-vingt mille livres sterling pendant l'époque de la guerre pour la succession d'Espagne, & ainsi fut moindre d'environ deux cent quatre-vingt mille livres sterling année commune.

25°. Que cette derniere balance annuelle d'environ cinq cent quatre-vingt mille livres a été totalement absorbée, & même au-delà, par les intérêts payés à l'étranger, & qui ne lui étoient dûs qu'à l'occasion des deux gueres entreprises contre la France par le gouvernement ; tellement que ces deux guerres ont dépouillé la nation, & au-de-là, de toute la balance formée en sa faveur dans ses échanges, par son œconomie, par son travail, par l'amélioration de son agriculture, & conséquemment par l'excédent de la valeur de ses ventes au-dessus de la valeur de ses achats, depuis la révolution de 1688 jusqu'au commencement de 1716.

26°. Que depuis le commencement de 1716 jusqu'à la fin de 1738, l'Angleterre a été dans le sein de la paix, de la tranquillité & de l'abondance. Qu'elle a joui du vaiffeau de l'Affiente, du commerce d'interloppe avec les Indes Efpagnoles, & de la majeure partie de la pêche de l'Amérique Septentrionale, riches préfents que lui avoient faits le Traité d'Utrecht. Que fon commerce s'eft étendu de tous côtés, & a couvert les Mers de vaiffeaux par fes colonies, par fa Compagnie des Indes, & par elle-même. Qu'il y a eu des années, où elle a exporté en grains la valeur d'environ trois millions fterling. Mais qu'elle a été encore moins frugale dans fes mœurs qu'auparavant ; & que loin de profiter de la paix & de l'augmentation de fes ventes pour épargner & amortir une bonne partie de fa dette, elle a au contraire augmenté fes achats dans la même proportion que fes ventes, n'a payé qu'environ trois cent mille livres fterling de fa dette, & n'a eu en fa faveur qu'une balance qui tout au plus égale à celle de l'époque précédente n'a pas fuffi à environ deux millions fept cent mille livres fterling près pout payer les intérêts qu'elle devoir au-dehors.

27° Que l'Angleterre enyvrée de fauffes idées fur le commerce, & conduite par fes commerçans, enrichis à fes dé-

pens puisque tout se prend sur le revenu
territorial , & devenus par leurs richesses
des Démagogues arrogants ; que l'Angleterre demanda en insensée & avec des
clameurs insolentes la derniere guerre
contre l'Espagne ; & qu'au moment où
cette guerre fut déclarée , elle perdit le
vaisseau de l'Assiente & le commerce d'interlope avec les Indes Espagnoles , ce
qui d'un côté diminua ses ventes , & de
l'autre ne diminua pas ses achats—Qu'en
même-tems la grande affluence des femmes & leur long séjour dans la capitale
donnerent aux mœurs un nouveau ton ,
un ton de frivolité & de dissolution , qui
gagna jusques parmi le peuple , & qui en
diminuant encore la masse des ventes nationales augmenta de beaucoup celle des
achats nationaux — Que ce changement
dans les mœurs n'eut pourtant pas tout le
mauvais effet qu'il pouvoit avoir , parce
qu'il n'arriva à son période qu'à la fin de
l'époque , & parce qu'à l'exception des
Catholiques Romains , les autres non-
conformiistes , très-nombreux en Angleterre , en furent préservés par leurs principes de religion—Que d'un autre côté
le mal fut en partie compensé par une
exportation en grains de plus de huit

millions sterling pendant les cinq dernieres années de l'époque de la derniere
guerre — Et qu'ainsi la balance annuelle
dans les échanges se trouva encore année commune d'environ trois cent mille
livres sterling , ce qui la rend cependant
moindre de près de deux cent quatre-
vingt-dix mille livres sterling que celle
de la longue époque de la paix , & moins
forte d'environ cinq cent soixante mille
livres sterling que celle du regne œconome du Roi Guillaume , où l'exportation
des grains avoit été moindre — Qu'il y a
aussi à observer que cette balance dans
les échanges , d'environ trois cent mille
livres sterling pour l'époque de la derniere guerre , n'a pas été suffisante pour
payer les intérêts dûs au-dehors ; & que
pour les acquitter, la nation a été obligée
d'augmenter sa dette nationale de près de
sept millions sterling au-dessus du montant de ses dépenses extérieures — Que la
nation a donc été insensée d'appuyer l'arrogance & l'insolence de ses Démagogues commerçans ; d'entreprendre pour
un tas de Corsaires & une bande de Monopoleurs , une guerre qui ne pouvoit
que diminuer le montant de ses ventes ;
de se livrer à une frivolité qui ne pou-

voit qu'augmenter le montant de fes a-
chats ; & ainfi de fe mettre hors d'état de
payer, même les intérêts de fa dette, dans
un tems où elle devoit s'attacher à être
tranquille & œconome pour acquitter les
intérêts & le capital de cette dette.

28°. Qu'à la fin de la derniere guerre
le faux luxe étant devenu monftrueux, il
fut vivement attaqué par plufieurs plumes
périodiques, & fut féverement cenfuré
dans les Inftructions Paftorales du favant
& lumineux Prélat qui occupoit alors le
Siege Épifcopal de Londres. Que la légiflation elle-même crut y devoir apporter remede. Que tout cela n'a fervi qu'à
lui faire prendre un effor different. Qu'en
devenant plus décent, il s'eft étendu davantage, & pénétrant jufques dans les provinces, a été encore plus difpendieux
pour la nation. — Que les emprunts faits
au dehors pendant la derniere guerre
ayant de maniere ou autre fourni à l'Angleterre plufieurs millions fterling, ce
rempliffage ruineux s'étoit fi promptement évaporé, & au-delà, qu'en 1753 &
1754, la rareté des efpeces monnoyées
étoit très grande dans Londres, tandis
que les Guinées forties pour folder partie de la balance des échanges, étoient

communes dans la Flandre Autrichienne
& dans la Flandre Françoise. — Qu'au milieu de ces circonstances pour l'intérieur
de l'Angleterre, il se forma chez elle une
espece de Triumvirat, qui entreprit de la
plonger dans la présente guerre, & qui
n'y parvint, après bien des oppositions,
qu'ent trouvant moyen de faire exercer à
la nation la profession des forbans ; & à
l'aide de ce qui se passoit d'ailleurs sur le
continent. — Qu'en portant les dépenses
extérieures au plus haut, en les mettant
à vingt millions sterling jusqu'au 31 Décembre 1761 ; alors l'Angleterre a eu
contre elle, pendant les onze dernieres
années, une balance dans ses échanges,
laquelle a été année commune à près de
trois cent trente mille livres sterling, & à
environ cinq cent mille livres, si l'on ne
passe les dépenses extérieures que pour
dix-huit millions sterling. — Que cette
même balance iroit, ou à près de sept cent
mille livres sterling, ou à près de neuf
cent mille, si au lieu de suivre Sir Mathieu Decker , & de regarder les étrangers
comme créanciers des deux cinquiemes
de la dette nationale, on ne les regardoit
que comme créanciers d'un tiers de cette
dette, ainsi que font d'autres Anglois. —

Que quoi qu'il en foit, il refte toujours pour certain que depuis le commencement de 1751, ce n'eft qu'en empruntant que l'Angleterre a pû payer les intérêts des fommes qu'elle doit au dehors ; & qu'en même-tems la balance de fes échanges lui a été contraire de plus de trois cent mille livres fterling, année commune.

29°. Que du Bilan général & raifonné que j'ai donné de l'Angleterre depuis 1600 jufqu'au 31 Décembre 1761, il réfulte plufieurs conféquences que j'ai marquées, & dont les deux dernieres qui peuvent fervir de fommaires aux autres font — Qu'aujourd'hui l'Angleterre a contre elle la balance du commerce extérieur ; qu'elle emprunte beaucoup ; qu'elle emprunte même pour faire face aux intérêts dûs à l'étranger ; & que cela eft ainfi & va en augmentant, depuis qu'elle s'eft livrée à la frivolité, & qu'elle a étendu fon commerce de toutes parts. — Que le payement des intérêts dûs au dehors ne fauroit être mis fur le compte de l'étendue & des profits du commerce extérieur, puifqu'ils n'ont été payés, fans prendre fur le fonds, que lorfqu'il y a eu le moins de commerce. Mais que ce payement a été uniquement le produit de l'œconomie, & des épargnes de la nation, puisque dès que cette œconomie & ces épargnes n'ont plus eu lieu, ce payement n'a pû se faire qu'en prenant sur le fonds, & en empruntant pour payer, ce qui est toujours le cas de ceux qui dépensent plus qu'ils n'ont de revenu.

30°. Que depuis 1688, l'Angleterre a fait monter ses dépenses de toute espece beaucoup au-dessus de ce dont elle a augmenté son revenu territorial. — Que ce revenu que j'ai dabord fixé à huit cent dix millions, n'est plus que nominal. — Qu'il s'y est fait une large brêche. — Que l'Angleterre dans le tems de sa plus grande œconomie, n'a eu en sa faveur & dans ses échanges, qu'une balance d'environ huit cent soixante mille livres sterling.—Qu'aujourd'hui cette balance dans les échanges lui est défavorable ; & que d'ailleurs elle ne sauroit devoir au dehors pour l'intérêt des sommes qu'elle y a empruntées, moins de quatorze cent mille livres sterling par an, en ne regardant les étrangers que comme créanciers d'un tiers de la dette nationale. — Qu'il est extrêmement difficile de remettre dans ses mœurs la frugalité qui lui seroit nécessaire, & qui seroit

cependant

cependant un arrêt de mort contre une grande partie de ses habitans. — Qu'il est en notre pouvoir de lui enlever à l'instant cette riche exportation de ses grains qu'elle ne tient que de notre pure liberalité, & qui depuis près de cent ans fait sa principale richesse & sa principale force.— Qu'en la lui enlevant, nous nous enrichirions de plus en plus, & nous la réduirions à sa médiocrité naturelle, en reprenant sur elle cette supériorité qui nous est due dans l'ordre de la nature. — Que dans ce cas & dans celui où elle seroit encore en guerre pendant quelque tems, il n'est point d'opération ruineuse où elle ne fût entraînée par la nécessité de faire de nouveaux emprunts tant pour les dépenses de la guerre, que pour payer les intérêts dûs à l'étranger, & même pour soutenir le commerce tant intérieur qu'extérieur sur le pied où il est aujourd'hui. — Que cette nécessité acquerroit encore de nouvelles forces, si la guerre pénétroit jusques sur le continent du Portugal & de l'Espagne; & même si l'Angleterre étoit forcée d'abandonner le Portugal & ses autres alliés. — Que tel est le sort où se réduisent les peuples qui ne sont pas contens du commerce riche, noble, & solide que leur

Q

donne la culture de leurs terres ; qui veulent avoir plus de commerce que la nature , dans ses décrets irréfragables , ne
leur a accordé d'en avoir ; qui possedés
du démon de l'avarice & du gain, soudoyent des mercénaires pour étendre leur
commerce par la force de la guerre : car
semblables aux Carthaginois , ils creusent
eux-mêmes le précipice , où bientôt , &
tout à coup , on les voit s'abîmer.

31°. Que par tant de différentes preuves , qui liées & enchaînées les unes dans
les autres , se soutiennent & se fortifient
réciproquement , & tendent toujours au
même but , j'ai évidemment démontré que
j'étois bien fondé lorsque j'avançai dans
notre conversation , que le commerce de
l'Angleterre ne donne rien au-delà du
montant du revenu territorial ; & que
quand on a dit à quoi peut monter ce revenu , le produit du commerce s'y trouve
englobé , & l'on a tout dit. — Que j'ai
même fait voir qu'en ce moment le commerce de l'Angleterre ne se fait qu'en diminution de ce revenu , parce que l'Angleterre achette plus qu'elle ne vend , &
qu'elle est obligée de payer des intérêts
pour la somme formée par le surplus des
achats. — Que pour completter la démons-

tration de ma propofition, en quelque maniere mathématique, il ne manquoit plus
que de répandre plus de jour fur l'article
de la dette de l'Etat, le feul qui n'avoit
pas encore pû être affez *dilucidé*.

En conféquence & 32°. Que les fommes prêtées par les étrangers ne fauroient
être le produit d'aucuns profits, d'aucunes épargnes, où l'Angleterre puiffe être
concernée autrement que parce qu'on lui
en a prêté le montant. — Que les étrangers en lui prêtant ces fommes, font devenus co-ufufruitiers de fon revenu territorial, & en quelque maniere co-propriétaires de fon fol. — Que cependant pour
cet ufufruit & cette co-proprieté, ils n'ont
d'autre fûreté que la bonne foi des Anglois, & ne l'ont même pas ; leur hypotheque fur le revenu territorial & fur le
fol de l'Angleterre étant purement idéale
par les loix irreverfibles de la nature ; &
l'idée même de cette hypotheque pouvant dans un inftant, & forcément, être
effacée pour toujours par l'anéantiffement
de la dette fans payer.

33°. Que les intérêts payés aux étrangers pour les fommes qui en ont été empruntées, font une diminution réelle du
revenu particulier des propriétaires, qui

feuls en peuvent être refponfables ; &
qu'ils font auffi une diminution réelle du
revenu territorial de la nation , qui n'en
a plus aucune jouiffance , puifqu'ils font
dépenfés hors de chez elle — Que par
rapport à ces intérêts , la nation eft vis-à-
vis de l'étranger , comme eft le ferf de
la glébe vis-à-vis de fon maître : qu'il n'y
a de différence , qu'en ce qu'elle peut ,
non fans impunité , mais fans craindre
le dernier fupplice , manquer de foi , fe
révolter, & en quelque maniere affaffiner
fon maître en refufant de le payer.

34°. Que quoique les fommes prêtées par
les nationaux foient certainement le produit des profits & épargnes d'une partie
de la nation , il n'en eft pas moins vrai
qu'elles fe font entierement formées fur
le revenu territorial , foit aux dépens du
revenu particulier des propriétaires en
fonds de terre , foit par les épargnes particulieres d'un petit nombre de ces propriétaires — Que le produit de ces dernieres épargnes a été peu de chofe ; & que
prefque tout le refte vient des profits exor-
bitans faits directement ou indirectement
fur les propriétaires par les Directeurs des
Compagnies privilégiées & autres gros Négocians , par les Banquiers , les Juifs , les

Agioteurs, les Ufuriers & autres gens à porte-feuille, autres frelons, autres fang-fues de la nation — Que ces profits exor-bitans ont été principalement faits à la fa-veur de loix abfurdes, qui protectrices du pillage, & deftructrices du vrai com-merce & de la nation, on mis toute la race de Mammon à portée d'imiter l'In-tendant lorfqu'il fe hâte de piller fon maî-tre pour lui prêter à intérêt — Que la na-tion a été affez aveugle, affez inconfi-derée, affez infenfée, pour ne pas voir que la guerre la devoit entierement pri-ver des richeffes ainfi amaffées ; pour de-mander avec clameur & infolence la der-niere guerre contre l'Efpagne ; & pour tâcher par cette guerre de protéger le pillage d'un tas de Corfaires, & d'une bande de Monopoleurs & d'Ufuriers qui ne travailloient qu'à s'enrichir eux-mêmes en la privant de fon bien, & en la pré-cipitant dans l'abîme — Que les gros em-prunts faits parmi les nationaux ont en-couragé un grand nombre de citoyens à vivre oifivement dans le célibat aux dé-pens de la Nation — Que ces emprunts ont créé en faveur des plus riches com-merçans un nouveau monopole qui leur a fervi à augmenter encore plus leurs fortunes aux dépens du revenu particulier des propriétaires — Enfin, que la formation du gros capital, gagné & prêté par des nationaux, & les monopoles, les usures qui l'ont favorisée, peuvent attirer à la nation, par les raisons que j'en ai données, des maux bien plus terribles que ne sauroit être la perte actuelle & visible du capital dû à l'étranger. Que c'est un feu qui couve sous la cendre, & qui d'un moment à l'autre peut éclater en un incendie violent, dont le premier & le moindre effet, suivant les loix inaltérables de la Justice, sera de ruiner les créanciers nationaux.

35°. Et dernierement, que les intérêts payés aux créanciers nationaux, étant censés dépensés dans le pays, ils doivent être reputés faire partie du revenu territorial. Que cependant comme ils ne sont payés, & ne sauroient être payés qu'en diminution du revenu particulier des propriétaires, il n'y a aucun des maux que leur capital puisse attirer à la nation, auquel ils ne doivent nécessairement participer.

Après ce long résumé, où comme je l'avois prévû, je me suis souvent répeté moi-même, il me reste encore bien des

chofes effentielles à dire. Ce n'eft pas
affez, Monfieur, d'avoir diffipé votre erreur ; il faut vous en montrer l'origine &
la caufe, & vous affermir dans les vrais
principes du commerce, ce qui exigera
que je remonte jufqu'au commencement
des tems pour pouvoir établir ces principes fur les fondemens antiques & iné-
branlables de la nature. Il faut auffi vous
faire mieux connoître l'Angleterre, vous
la repréfenter telle qu'elle eft par rapport
au commerce, & vous convaincre que
par fes loix & fes ufages, elle ne
fauroit, quand même elles voudroit,
faire cette efpece de commerce qui eft
purement de fret, de main-d'œuvre & d'induftrie. Ce dernier article me conduira
naturellement à vous parler des impôts
mis en Angleterre fur les objets de confommation. De-là j'entreprendrai de vous
faire voir ainfi que je vous l'ai promis,
le mal que ces impôts font à la nation ;
& de vous prouver par le fait & d'une
maniere claire & inconteftable, que les
propriétaires en fonds de terre, gagne-
roient très-confidérablement en fe char-
geant de payer directement fur leur propre revenu toutes les dépenfes de l'Etat,
ainfi que le leur confeilloit autrefois le

célébre & judicieux Locke. Enfin j'ai à
vous développer les reſſources de l'Angleterre, qui ſont effectivement grandes.
J'ai à vous marquer la facilité qu'elle auroit à les mettre en œuvre ſi nous la laiſ-
ſions agir à ſon gré, & la facilité avec laquelle nous pouvons malgré elle, & au milieu de la guerre, oppoſer nos reſſources
aux ſiennes, & par ce moyen nous enrichir nous-mêmes, reprendre nos forces na-
turelles, la contenir dans ſa juſte médiocrité, & nous maintenir dans cet état de
conſidération & de ſupériorité qui nous
convient & qui nous appartient de droit
par l'étendue & la ſituation de notre ſol,
ainſi que par la variété & l'excellence des
productions de ce ſol, dont quelques-
unes ont reçu des mains de la nature un
privilége excluſif. Mais ma Lettre forme
déjà un volume ; & il eſt tems de la terminer. Souffrez donc que je remette à
une autre fois à vous entretenir de ce que
je viens de vous annoncer. Souffrez que
je laiſſe repoſer ma plume après vous avoir
prié d'être bien convaincu, &c.

F I N.

POSTSCRIPTUM.

J'AI marqué page 25 qu'avant la révolution de 1688 le prix des grains avoit
été en Angleterre plus haut qu'il n'a été
depuis. Effectivement le prix commun
du *quarter* de bled a été de deux livres
dix fols deux deniers fterling pendant les
quarante - trois années qui ont précédé
cette révolution ; & depuis cette époque
il n'a été qu'à deux livres deux fols trois
deniers fterling , tellement qu'il a baiffé
d'environ un feptieme.

J'ai dit page 160 que depuis 1716 jufqu'à la fin de 1738 il y a eu des années
où l'Angleterre a vendu à l'étranger pour
trois millions fterling de grains. Mais l'Auteur des Élemens du Commerce , en parlant d'après les Auteurs Anglois , a dit
page 120 de la premiere partie de fon ouvrage , qu'il y a eu des années où la gratification accordée pour l'exportation eft
montée à cinq cent mille livres fterling.
Or la gratification pour le bled eft de cinq
fols fterling par *quarter* ; celle pour le feigle eft de trois fols fix deniers fterling , &

celle pour l'orge de deux fols fix deniers
fterling, ce qui donne un prix commun
de trois fols huit deniers fterling. D'un
autre côté le même Auteur met le prix
commun de toutes fortes de grains à une
livre huit fols fterling, d'où le prix commun de la gratification doit être un peu
plus des deux quinziemes du prix commun des grains ; & alors cinq cent mille
livres fterling payées en gratification pendant le cours d'une année, au lieu de ne
donner qu'une exportation de trois millions fterling, ainfi que j'ai dit page 176,
en donne une d'environ trois millions
huit cent mille livres fterling.

Toujours attentif à porter, plutôt trop
bas que trop haut, mes calculs par eftimation, & à ne rien affirmer que je n'y
fois autorifé ; c'eft encore dans le même
Auteur, & à la même page 120, qu'on
trouve comme je l'ai marqué page 176 de
ma lettre, que pendant les années 1746,
1747, 1748, 1749, & 1750, les Anglois
ont exporté année commune pour plus de
feize cent mille livres fterling de grains.

Y a-t-il donc une plus noble manufacture, une plus riche branche de commerce que la manufacture & le commerce
des grains ? Peut-on nier que ce ne foit

effectivement cette manufacture & cette
branche de commerce qui ont foutenu
l'Angleterre , & qui ont fait fa force & fa
puiffance depuis que nous nous en fommes privés nous-mêmes ? L'Etat qui a le
plus de grains eft le plus fort & le plus
puiffant. Melon l'a dit dans la partie la
plus belle de fon ouvrage ; & longtems
avant lui , Socrate l'avoit dit dans le deu-
xieme livre de la République de Platon.
Socrate pour jetter les fondemens de fa
République , demande premierement des
laboureurs. Enfuite , lorfqu'il veut l'ag-
grandir , en augmenter la population , y
introduire le commerce, & lui donner de
la force , de la puiffance , il demande un
plus grand nombre de laboureurs , de cultivateurs. On ne fauroit donc trop s'em-
preffer de reprendre à l'Angleterre cette
manufacture , ce commerce des grains ,
dont elle n'a pû jouir jufqu'ici que parce
que nous n'avons pas voulu en jouir nous-
mêmes. L'oppofition à une mefure fi fa-
lutaire pour la France , & dans les circonftances préfentes , plus cruelle pour l'Angleterre que la perte de dix batailles ,
cette oppofition , dis-je , ne peut donc
partir que d'une erreur involontaire : il
n'eft pas poffible de penfer autrement.

Mais cette erreur eſt terrible : elle s'arme
ſans ceſſe de nouveaux preſtiges ; & pour
fatiguer ſes adverſaires, elle enfante ſans
ceſſe une foule de mauvais raiſonnemens
qui font d'une ineptie accablante. En ce
moment même, je viens d'eſſuyer un de
ces raiſonnemens qui inſultent les connoiſſances & la raiſon : le voici.

L'Auteur des Elemens du Commerce ,
premiere partie, page 124, ne s'expri-
mant nullement dans l'affirmative, ne parlant qu'ypothétiquement, n'enviſageant
que la ſeule loi de la gratification, & n'e-
xaminant point celles qui font corps avec
elle & qui en ſont inſéparables ; cet Auteur, dis-je, défenſeur zelé de la liberté
du commerce des grains, a conçu qu'il y
a des cas où l'on pourroit importer en
Angleterre des grains étrangers en fraude
pour obtenir la gratification en les exportant par la ſuite. Or les ſuppôts de l'erreur, s'appuyant ſur l'autorité de cette
pure ſuppoſition, en ont prétendu que la
grande exportation des grains de l'Angleterre n'eſt que fictive ; que la plus grande
partie de ces grains entrent en fraude ; &
que par conſéquent le commerce qui s'en
fait, loin d'être un profit pour la nation,
n'eſt qu'une perte pour elle. Il faut donc

détruire ce raifonnement fallacieux, &
faire voir que la fuppofition dont il emprunte toutes fes forces, ne fauroit jamais
avoir lieu. Pour cet effet, je vais examiner & raifonner les différentes loix de
l'Angleterre fur l'importation & l'exportation des grains ; & quoiqu'il foit bien
dur d'approfondir des matieres fi feches
pour ne combattre que des phantômes
ridicules, je m'en acquitterai avec plaifir,
parce qu'il en fortira une pleine & entiere
preuve de *l'impracticabilité* de la fraude.

Cette fraude, fi elle pouvoit exifter,
ne pourroit fe faire 1°. qu'en exportant
des grains du pays, fur lefquels on ob-
tiendroit la gratification ; & en les faifant
enfuite rentrer clandeftinement dans le
Royaume, au lieu de les aller débiter
chez l'étranger. 2°. Qu'en important clandeftinement des grains étrangers pour obtenir enfuite la gratification en les exportant.

Voilà les deux feules efpeces de fraude
qu'on puiffe concevoir ; & il n'eft pas poffible de commettre l'une ou l'autre. J'e-
xaminerai dabord la premiere.

La gratification pour un *quartier* de bled,
mefure de Winchefter, eft d'environ cent
vingt fols de France, lorfque le prix du

quarter ne paſſe pas quarante - huit ſhellings. — Pour un *quarter* de ſeigle , elle
eſt d'environ quatre - vingt - quatre ſols,
lorſque le prix du *quarter* ne paſſe pas
trente-deux ſhellings. — Et pour un *quarter*
d'orge , d'environ ſoixante ſols , toujours
même monnoye, lorſque le prix du *quarter*
ne paſſe pas vingt-quatre ſhellings.

Les grains ſont une denrée très volumineuſe ; ils ne ſauroient être tranſportés
ſans un grand appareil viſible ; & le
bled , le ſeigle , & l'orge ſont à peu de
choſe près également peſants.

Le *quarter* de bled , meſure de Win-
cheſter, peſe cinq cent douze livres , poids
de Troy , lequel eſt de douze onces, l'once
de 480 grains ; & la gratification n'étant
que de cent vingt ſols , elle ne monte pas
à un liard pour chaque livre poids de
Troy. — Quant aux ſeigle , en le ſuppo-
ſant d'un poids à peu près égal , la gratification ne va pas à deux deniers — & pour
l'orge , elle ne va pas dans la même ſuppoſition , à un denier & demi. Par conſéquent , s'il eſt prouvé qu'il eſt impoſſible
de penſer à exporter du bled du pays pour
obtenir la gratification & le faire enſuite
rentrer clandeſtinement , j'aurai à plus
forte raiſon prouvé la même choſe pour

le feigle & pour l'orge. Je ne difcuterai donc que l'article du bled.

On n'obtient la gratification qu'après qu'on a paffé fon obligation, fous peine d'environ neuf livres douze fols de France par *quarter*, d'exporter chez l'étranger la quantité déclarée ; & après avoir rapporté un certificat figné & fcellé par le principal Magiftrat du lieu où le bled a été débarqué & vendu, ou par deux négocians Anglois bien connus & refidens dans le même lieu ; à moins qu'on ne donne de bonnes preuves légales que le vaiffeau fur lequel le bled étoit chargé, a été pris par l'ennemi, ou a péri en mer.

Ainfi pour commettre l'efpece de fraude dont il s'agit maintenant, il faut — 1°. tromper ou corrompre, foit un principal Magiftrat étranger, foit deux gros négocians. — 2°. Parvenir à faire rentrer en cachette une denrée très volumineufe, & dont le charroi a un grand appareil vifible, tandis que tous les laboureurs Anglois, ce qui eft bien digne de confidération, ont un vif intérêt perfonnel de découvrir & de dénoncer la fraude. — 3°. Rifquer une amende confidérable, & de plus fa réputation, dans un point qui ne peut qu'indigner la nation. — 4°. Entreprendre tout cela pour ne prefque rien gagner , peut-être pour perdre , puifque les fraix en embarquant , débarquant , tranfportant & enmagafinant, & les dépenfes pour tromper ou pour corrompre ceux dont il faut rapporter le certificat , doivent abforber prefque toute la gratification de moins d'un liard par livre de bled, poids de Troy. Or il ne fauroit tomber fous les fens qu'un négociant en état de faire de grandes exportations de bled voulût courir de pareils rifques , & hafarder de fe ruiner & de perdre fa réputation pour ne rien gagner. Quant aux petits négocians , il eft bien évident que quand même ils le voudroient , ils ne fauroient courir les mêmes rifques , parce qu'ils n'en ont pas les moyens. Cette efpece de fraude n'eft donc pas praticable : l'autre l'eft encore moins : c'eft ce que je vais démontrer.

Lorfque le prix du *quarter* de bled ne paffe pas quarante-huit shellings , chaque *quarter* paye à l'importation environ cent vingt-huit fols de France. — Lorfque le *quarter* de feigle ne paffe pas trente-deux shellings , il paye en entrant environ quatre livres-feize. — Et lorfque le *quarter*

d'orge

d'orge ne paſſe pas vingt-huit ſhellings, il paye en entrant environ trois livres quatre.

Nulle permiſſion ne peut être accordée pour exporter de l'Angleterre aucuns grains étrangers , après qu'ils y ont été importés.

Pour quiconque en exporte , il y a , non ſeulement confiſcation des grains , du vaiſſeau , & de tous ſes agrès , mais il y a auſſi une amende de huit livres ſterling pour chaque *quarter* ainſi exporté , quelle que ſoit l'eſpece du grain. Il y a de plus , empriſonnement de trois mois , ſans pouvoir être admis à donner caution , pour toute perſonne de l'équipage qui ſeroit convaincue d'avoir volontairement participé à la fraude.

Il eſt donc néceſſaire pour pouvoir commettre cette fraude — 1°. de faire entrer en cachette une denrée , qui , comme j'ai déjà dit, eſt très volumineuſe , & dont le charroi a un grand appareil viſible , tandis que tous les laboureurs Anglois ont un vif intérêt perſonnel de découvrir & de dénoncer la fraude. — 2°. De corrompre tout l'équipage , ſans pouvoir jamais être ſûr que quelqu'un de ceux qui le com-

R

pofent ne fe repentira pas, & n'ira pas faire
fa dénonciation. 3°. Rifquer la perte du
vaiffeau, & l'amende prodigieufe de huit
livres fterling par chaque *quarter* qui ne
fait pas tout à fait deux fetiers, mefure de
Paris. — 4°. Hafarder vifiblement de fe ruiner & de fe rendre odieux & méprifable
aux yeux de la nation pour ne gagner en
déduifant tous les frais & toutes les dépenfes indifpenfables , & en fuppofant
qu'on réuffiffe dans fa fpéculation, qu'un
denier tout au plus pour chaque livre de
bled , & encore moins pour chaque livre
de feigle & d'orge.

Ce n'eft pas pour des objets fi petits, &
en même-tems fi difficiles à obtenir , & fi
ruineux lorfqu'on les manque , qu'on fe
réfout à la fraude & à la contrebande.
Pour qu'on veuille s'en mêler, il faut qu'il
y ait quelque facilité à réuffir, & un gros
profit à faire. Or il n'y a ni l'un ni l'autre
à commettre en Angleterre la fraude
des grains ; on ne l'y connoît donc pas.
En effet il feroit impoffible à qui que ce
foit de rapporter depuis 1689 dix exemples d'une pareille fraude commife & conf-
tatée par une procédure en forme, à la
Cour de l'Echiquier d'Angleterre ; au lieu

qu'on peut donner plufieurs exemples bien conftatés de fraudes commifes contre les loix concernant l'importation & l'exportation du tabac. Mais — 1°. la fraude fur le tabac ne confifte qu'à importer vifiblement, pour exporter vifiblement, & faire enfuite rentrer clandeftinement.—2°. Quoique le tabac foit une marchandife volumineufe, il eft plus facile à emballer & à tranfporter que ne font les grains. — 3°. Tout habitant de l'Angleterre a un intérêt particulier de favorifer la rentrée clandeftine du tabac. — 4°. Le profit chargé des fraix & des rifques, étant moins d'un liard pour chaque livre de bled, poids de Troy, eft de plus de douze fols de France pour chaque livre de tabac, même poids. Il n'eft donc point étonnant qu'il y ait quelquefois contravention aux loix qui concernent le tabac, tandis qu'il ne fauroit y en avoir à celles qui concernent les grains. Il n'y a donc aucune raifon de s'oppofer au rétabliffement de la liberté pour le commerce des grains, en s'autorifant d'une pure fuppofition qui ne fauroit avoir lieu ; & ceux qui voudroient encore fe fervir de ce moyen ou de tout autre pareil, s'expofe-

froient à fe voir appliquer le commencement de la premiere Catilinaire , & à
s'entendre dire : *Quò ufque tandem , igna-
riffimi aut infeftiffimi hominum , abutemini
vel infciâ , vel patientiâ civium veftrorum ?
Non - ne videtis , non - ne fentitis , omnia
veftra patere confilia ?*

Fin du Poftcriptum.

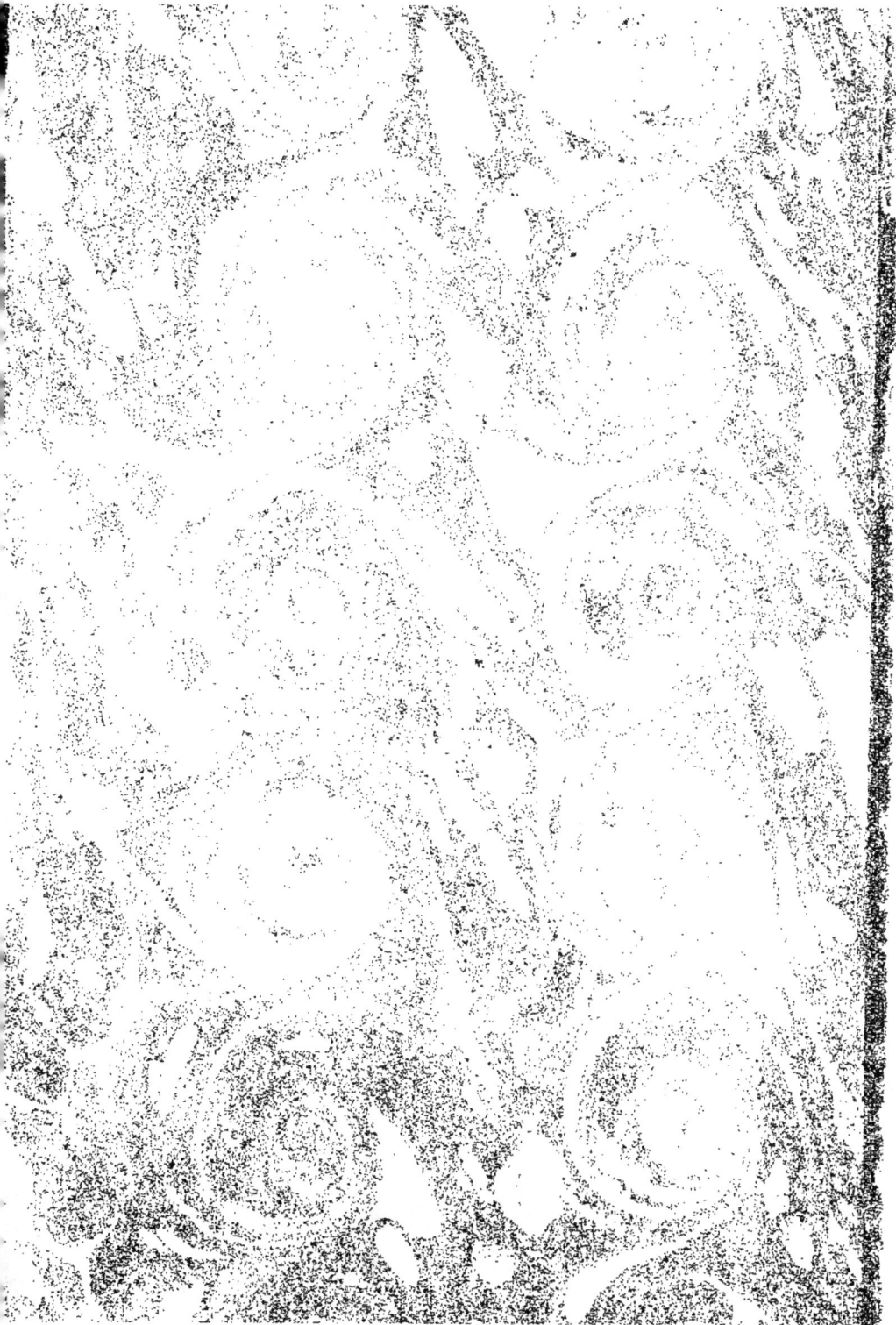

www.ingramcontent.com/pod-product-compliance
Lightning Source LLC
Chambersburg PA
CBHW070300200326
41518CB00010B/1846